讲给孩子的
妙趣中国史 ❷

姜天一 著

天津出版传媒集团
天津人民出版社

第 5 章

百家争鸣的东周

28 东周的钟声响起

各位同学，大家好，我就是那个人见人爱、花见花开、车见车爆胎的姜 sir。

大家好，我就是那个负责问问题的小 Q 同学。

姜 sir：上节我们讲到周幽王烽火戏诸侯，为博褒姒一笑失天下，而东周的钟声已经响起。

小 Q：钟声先停一下，我有点儿晕。不是天下丢了吗？怎么又东周了？周就是周，为啥又是东，又是西，到底是怎么回事？

姜 sir：周幽王死后，原太子宣布继位，就是后来的周平王。

小 Q：为啥是原太子？

姜 sir：本身人家是太子，就是要继承王位的，但周幽王要褒姒的儿子当太子。于是周幽王烽火戏诸侯里的一个秘密即将被揭开。

小Q：啊？这个故事还有秘密？

姜sir：你想，周幽王刚用狼烟骗了大家，敌人就来了，在那个消息传递需要很久的年代，这不是太巧合了吗？

小Q：难道有人通风报信？

姜sir：这个人就是他的儿子姬宜臼（jiù），也就是那个被取代的太子。他觉得自己被取代很不甘心，就去找了外公。外公一看，自己外孙被欺负了，就联合了敌人犬戎一族攻打周幽王。周幽王被杀之后，原太子发现犬戎根本不听他们的，就在这个时候，周朝军队赶到了，犬戎一族才被赶走。

小Q：可那些军队也饶不了这个太子吧！这属于勾结敌人啊。

姜sir：一共来了四支军队，分别是卫国、郑国、晋国和没有封号的秦。卫国获得了最高诸侯的封号，地位变高了。晋国获得了在规定的地区可以随意开战，扩大地盘的权力。郑国获得了可以调动周王室军队的特权。秦国获得了诸侯的称号，同时也可以在指定区域扩大地盘。你说这四支军队会和姬宜臼过不去吗？

小Q：就相当于给了这四个国家想要的好处，就承认姬宜臼天子的地位了。

姜sir：周平王这个时候决定搬家，毕竟现在这个地方敌

163

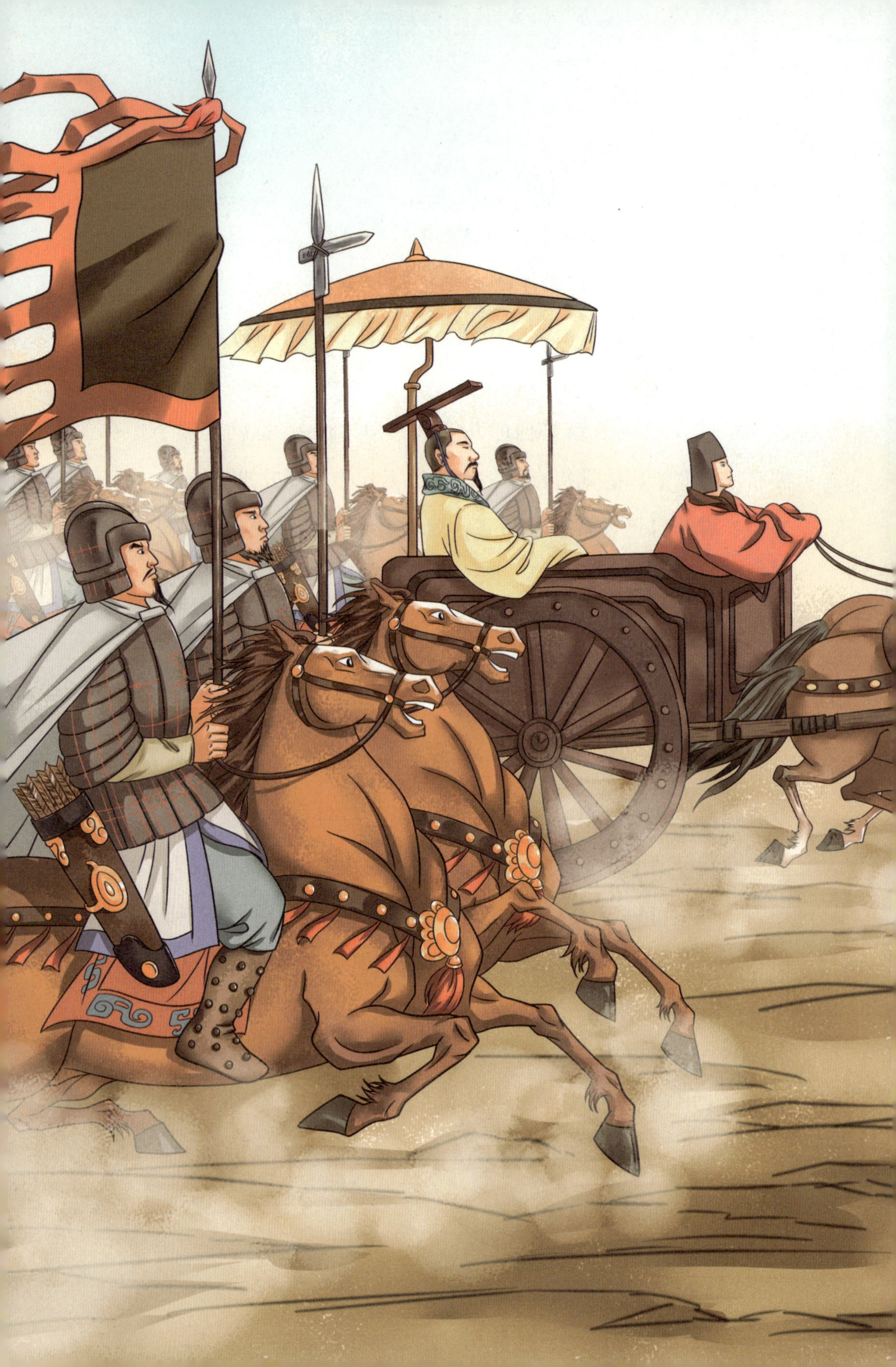

人容易再打过来，就搬到了东面的洛阳。于是后人为了区分这两段历史，分别称为西周和东周。

小Q：我明白了。西和东是根据首都的位置区分的，那东周和西周除了首都，还有什么不同的地方吗？

姜sir：你觉得东周的周天子说话还像西周一样管用吗？

小Q：肯定不会了，要不是给了那么多好处，人家都不一定饶得了他。

姜sir：搬到洛阳后，周朝的势力范围只剩下方圆六百里，也就相当于一个中等诸侯国。没有人把周天子当回事，也没有人听他的话。

小Q：那大家会灭掉他，然后取代他吗？

姜sir：最起码目前不会。因为没有一个诸侯国强大到能统一天下，谁第一个去灭了周天子，大家就会一起把它给灭了，所以周相对是安全的。

小Q：那接下来所有诸侯国就要开始发展自己的力量了吧？

姜sir：各国都开始大力发展力量，尤其是秦。秦襄公赶走了犬戎，帮助周平王上位，功劳很大。周平王不但提升秦为诸侯，还告诉他："你去攻打犬戎，打到的土地都赐给你。"从此秦开始建国，与其他诸侯平起平坐，并逐渐繁荣强盛起来。

小Q：未来的秦始皇能够统一天下，是不是就是从这儿开始的？

姜 sir：对喽，这就给未来的秦统一全国打下了基础。

小 Q：那为什么东周的前半段叫春秋，后半段叫战国呢？这两段有什么区别呢？

姜 sir：最大的区别就是春秋时候打仗，是为了教训你，我要让你知道你错了。这就是目的。但战国时候打仗，我的目的就是消灭你。比如春秋时期蔡国被攻打了约110次都没有灭国，而刚进入战国就被灭掉了。

小 Q：感觉即将进入一段非常精彩的春秋战国时代。

姜 sir：是的。接下来会有一个又一个的霸主出现，会有一个个的思想家出现，会有影响后世的书籍、学派相继产生，所以东周的钟声响起了。

小 Q：好期待好期待啊。

姜 sir：我们期待着精彩的东周，可孔子为什么对西周念念不忘呢？我们下节见。

29 孔子心中的理想

各位同学,大家好,我就是那个人见人爱、花见花开、车见车爆胎的姜 sir。

大家好,我就是那个负责问问题的小 Q 同学。

姜 sir: 东周的钟声已经响起。看!现在朝我们走来的,是由春秋时期的历史人物组成的方阵,他们个个精神饱满,英姿飒爽,准备在本次争霸赛上大显身手。

小 Q: 怎么感觉和学校运动会一样呢!

姜 sir: 现在向我们迎面走来的是孔子和他的学生们。仁义在每一个人身上洋溢,鼓励在每一个人心中传递。稳中求进,挑战自我是他们的起点,不懈努力是他们的历程,实现周礼是他们的目标。

小 Q: 什么是周礼?

姜sir：是孔子心中最崇拜、最向往的一种社会管理制度。而"周礼"的制定者也就是历史上著名的因为吐饭而被后人称赞的那位。

小Q：我知道，周公，叫姬旦。

姜sir：这个名字真的太好记了。孔子几乎用一生的时间在坚定地做着一件事，那就是推行"仁政"和周公的"周礼"。首先在春秋时代，整个社会变化很大，影响最大的就是周天子的势力越来越小，诸侯的势力越来越大，你觉得会发生什么？

小Q：肯定会打仗啊。

姜sir：那你觉得原来周公帮助周朝定下的那些制度，还会有人遵守吗？

小Q：越往后，遵守的人越少，我猜他们都想取代周朝。

姜sir：所以孔子很难过，他想用"周礼"去改变这种局面，他渴望回到周朝社会稳定繁荣的初期，恢复那时的礼乐制度。

小Q：我感觉孔子就像是一个班级里面，看见课堂纪律特别乱，大家都在打闹，特别想让大家安静下来，恢复良好纪律的那种学生。

姜sir：你觉得这事容易吗？

小Q：班级可以找老师去管，但孔子找周天子也不一定管用啊！

姜sir：可孔子喊没用啊！大家又听不见，那么多的国家，那么大的土地。所以他就带着弟子到处奔走，去跟各个国家讲自己的思想。你觉得他们会听孔子的吗？

小Q：我觉得虽然孔子说的是对的，但不一定会有人听。就像在一个班里面还有不听话的呢，何况那么多的国家、那么多的贵族。

姜sir：孔子想：那我就试着去一点点改变所有人。

小Q：啊？那不是更难吗？

姜sir：诸侯现在心里面想的都是自己的实力越强越好，所以孔子决定从基层入手，从百姓开始，去教书，教的学生越多，影响越大，越有可能改变这个国家。

小Q：姜sir，我觉得孔子好伟大啊。

姜sir：所以孔子开始收学生，讲学，整理书籍，开创了以"仁"为核心的儒家学派。

小Q：我觉得能像孔子这样坚定地去做一件事，不为了钱和地位去改变自己的初衷，真的特别好。

姜sir：孔子和学生们有一次被困在了边境，孔子就找学生聊天。子路说："我们想推行的理念太难实现了。"子贡说："我们的思想难了一点，很多人理解不了，我们要不要降低点要求。"小Q，你是怎么想的呢？

小Q：虽然我年龄小，但我真的想给孔子加油，他一定得坚持下去啊。

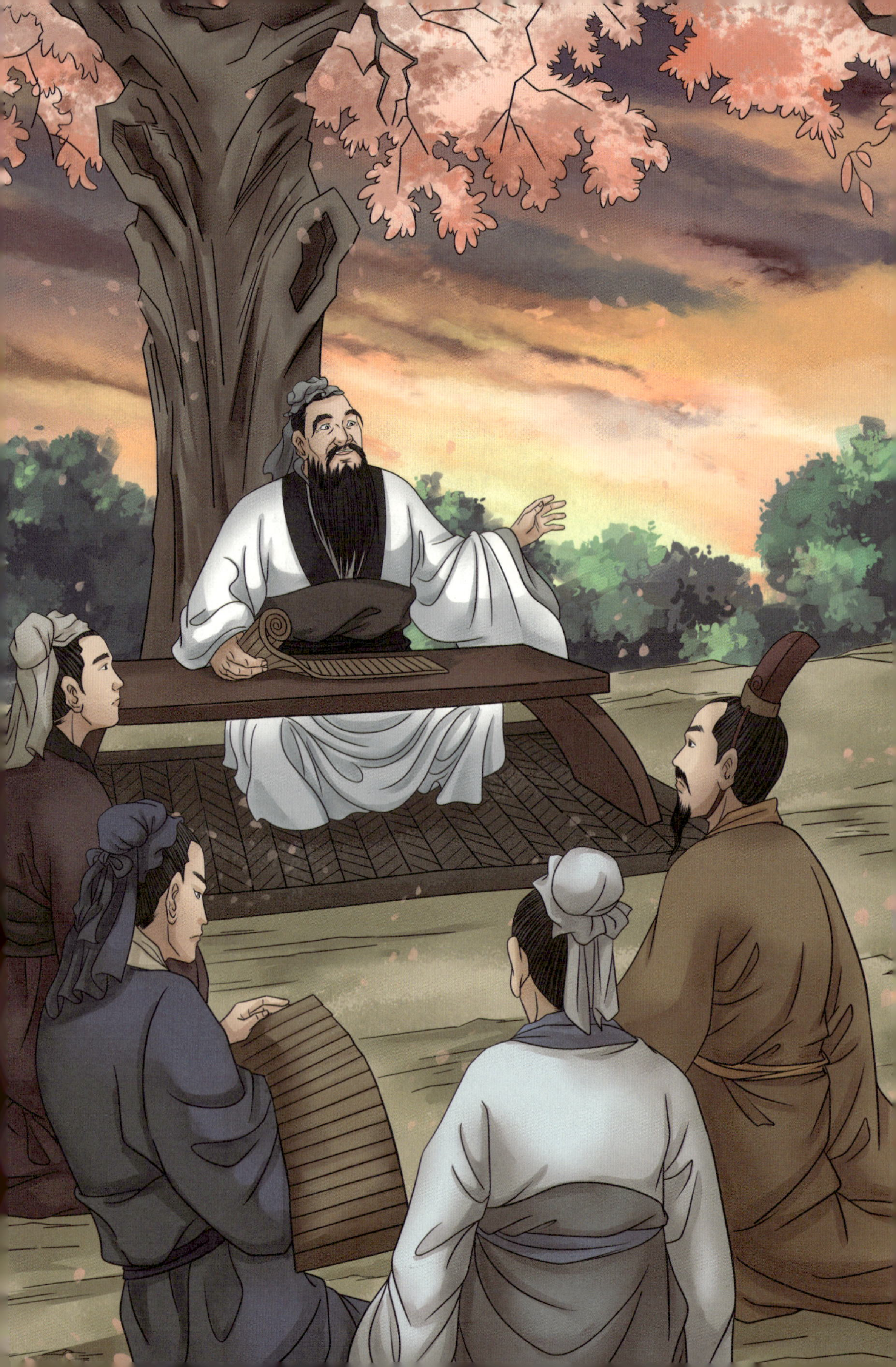

姜 sir：孔子的学生颜回说："各国君主不接受我们的思想，是他们的损失啊，我们只要坚持自我就好了。"

小 Q：对对对，我就是这个意思。

姜 sir：其实孔子推崇的周礼，是想恢复西周初期的社会秩序，就是想让整个国家变得稳定和谐。

小 Q：孔子要是生活在现在就好了，国家稳定，没有战争。

姜 sir：孔子可以说是生不逢时。他是一个理想主义者，积极乐观地向着心中的理想坚定地前行，即使失败很多次也能保有前进的勇气。可当时各国的君主只想着变强，变更强，打胜仗，打更多的胜仗。这些君主只喜欢能够帮助自己打胜仗的思想，其他的思想一律排除在外。但后来到了汉朝，天下统一了，皇帝们开始想如何更好地管理国家，孔子的思想又有了优势，因此受到了上层的重视。

小 Q：我被孔子这种坚持的精神感动了，我特别想了解他的思想，你能推荐一本书吗？

姜 sir：那肯定是《论语》啊。这本书记录了孔子和他的学生说了什么，做了什么，把孔子心中的理想都表达出来了。比如孝顺，《论语》就会告诉我们应该怎么做；比如学习，《论语》也会指导我们。那下一节我们就来说说《论语》教会了我们什么。

171

30 流传千古的《论语》

各位同学,大家好,我就是那个人见人爱、花见花开、车见车爆胎的姜 sir。

大家好,我就是那个负责问问题的小 Q 同学。

姜 sir: 上节我们提到了伟大的孔子的理想,小 Q 同学对孔子非常崇拜,想要知道《论语》讲些什么。《论语》这部著作一共不到两万字,但古人却说:"半部《论语》治天下。"

小 Q: 半部《论语》就能治理天下,我要全背下来。

姜 sir: 不是你想的那样,这是赵普说的话。赵普是宋朝的开国功臣,曾三次拜相,先后辅佐了宋太祖、宋太宗两朝皇帝。宋朝刚刚建国时很多重大决策都出自赵普之手。

有一次宋太宗和赵普闲聊,宋太宗随口问道:"有人说你只会读一部《论语》,这是真的吗?"赵普老老实实地回答说:

"臣所知道的，确实不超出《论语》这部书。过去臣以半部《论语》辅助太祖平定天下。现在臣用半部《论语》辅助陛下，便能天下太平。"赵普病逝以后，家人打开了他的书箱，里面果真只有一部《论语》。所以"半部论语治天下"的典故便不胫（jìng）而走，天下皆知。

小 Q：姜 sir，您继续说说《论语》的魅力到底在哪儿？

姜 sir：学习《论语》最重要的是千万不要像某些同学一样，只知道背，什么意思都不知道。

小 Q：某些同学好像说的就是我。

姜 sir：《论语》可以伴随着我们一起成长，对我们有很深的影响。小 Q，你觉得人应不应该孝顺父母？

小 Q：当然了，爸爸妈妈给了我生命，让我健康快乐地长大。

姜 sir：那你觉得什么是孝呢？

小 Q：我有好东西，会给爸爸妈妈吃，我长大以后赚钱会给爸爸妈妈花。

姜 sir：这是孝顺，很好。但如果有一个人做到这些了，可其实他内心是不愿意的，只不过大家都做，他也不得不做，你觉得这种人孝顺吗？

小 Q：我觉得这种人是可恨。

姜 sir：所以孔子想让我们知道，如何从内心中做到孝顺。

"今之孝者，是谓能养，至于犬马，皆能有养，不敬，何以别乎？"意思是那狗和马，主人也会给吃的、喝的、用的，真正的孝，不在物质，而在于内心。

小Q：这个我懂了，就是我心中真正地想去对父母好，我所有做的事情都会有影响。比如我会听话，不让爸爸妈妈担心；我会好好学习，让爸爸妈妈开心；我会好好吃饭，身体好，爸爸妈妈也会高兴，这些都算孝顺。

姜sir：你这种就是孔子想要的结果，是从内心中真正地做到了孝，而不是只知道模仿他人孝的行为。《论语》中关于"孝道"方面的言辞虽然不多，但孔子对于孝的理解和阐释却很透彻。比如孟武伯问孝，子曰："父母唯其疾之忧。"意思是父母只为孩子的疾病担忧。

小Q：这点我觉得很多人都能做到。

姜sir：子夏问孝。子曰："色难。"孔子的意思是始终保持和颜悦色比较难。大部分人都能做到给父母吃、穿、住，有病看病，但能不能做到对父母和颜悦色呢？这才是孔子提出的孝。

小Q：我以后不乱发脾气了。

姜sir：小Q，你知道爸爸妈妈的生日吗？

小Q：我还真记不住，但爸爸妈妈每年都给我过生日。

姜sir：子曰："父母之年，不可不知也。一则以喜，一则以惧。"孔子告诉我们："父母的年纪，不可不知道，并且应常常记在心里。一方面为他们的长寿感到高兴，另一方面又为他们的衰老感到恐惧。"

小Q：我以后一定牢牢地记住爸爸妈妈的生日。

姜sir：小Q，你觉得学习重要吗？

小Q：当然重要了。你看，你现在要用神话骗我，最起码我是不会相信的。

姜sir：怎么把我形容成了骗子，我那叫举例子。《论语》中有很多的部分是在讲学习的重要性以及如何去学习。

小Q：孔子是先让大家知道学习有多重要，然后再教学习的方法。

姜sir：从小Q身上，我们知道了学习的重要性，懂得多了，都会举一反三了。

小Q：我没有啊，我只是举一反一啊。

姜sir：举一反三是个成语。意思是学一件东西，要灵活地运用到其他相类似的东西上。"三"代表几个的意思。

小Q：哦，看来我还得多学习。

姜sir：举一反三就是从《论语·述而》里来的："举一隅不以三隅反，则不复也。"没想到吧，我们生活中总说的学习要举一反三，就是孔子留给后人的学习方法。

小Q：姜sir，孔子还教给我们哪些学习方法啊？

姜 sir："学而不思则罔，思而不学则殆。"这句告诉我们学习离不开思考，思考也不能脱离学习。

小 Q：你一直在给我们讲读书、学习历史要有自己的思考。

姜 sir：有个成语叫纸上谈兵。主人公赵括小时候就学习兵法，谈论用兵打仗，没有一个人能说得过他，但真正去打仗的时候，你会放心把军队交给他吗？

小 Q：不会，他没有经验，战场就和下棋一样，你永远不知道对手下一步是什么。

姜 sir：最后赵括带兵出征，用兵死板，不懂变化，45 万士兵都被消灭了。

小 Q：看来思考很重要。

姜 sir：学习也很重要，你也不能光思考，不读书吧。这就是既要有学，也要有思。同时送给所有小朋友《论语》里的一句话："知之为知之，不知为不知，是知也。"知道就是知道，不知道就是不知道，绝对不可以不懂装懂，这才是真正的智慧。

小 Q：好的，姜 sir，我会不停地向你请教的。那《论语》里还有哪些名句让我去学习一下呢？

姜 sir：那我就简单地选择一些送给你，希望你不但能背诵下来，理解意思，还能运用到生活学习中。

1. 学而时习之，不亦说乎？有朋自远方来，不亦乐乎？人不知而不愠，不亦君子乎？

译 学了又时常温习和练习，不是很愉快吗？有志同道合的人从远方来，不是很令人高兴的吗？人家不了解我，我也不怨恨、恼怒，不也是一个有德的君子吗？

2. 温故而知新，可以为师矣。

译 温习旧知识从而获得新的理解与体会，凭借这一点就可以成为老师了。

3. 见贤思齐焉，见不贤而内自省也。

译 看到有德行、有才能的人就向他学习，希望能在其中和他看齐；见到没有德行的人就要在内心反省自我的缺点。

4 敏而好学，不耻下问，是以谓之文也。

译 聪敏又勤学，不以向职位比自己低、学问比自己差的人求学为耻辱，所以可以用"文"字作为他的谥号。

5 知之者不如好之者，好之者不如乐之者。

译 对于学习，了解怎么学习的人，不如喜爱学习的人；喜爱学习的人，又不如以学习为乐的人。

6 默而识之，学而不厌，诲人不倦，何有于我哉？

译 把所学的知识默默地记在心中，勤奋学习而不满足，教导别人而不倦怠，对我来说，还有什么遗憾呢？

7 君子坦荡荡，小人长戚戚。

译 君子光明磊落、心胸坦荡，小人则斤斤计较、患得患失。

小 Q：我一定要好好地读一读《论语》这本书。

姜 sir：孔子其实是春秋末期的人，但因为孔子的地位太重要了，所以一定要放在这段历史的开头说。接下来向我们走来的就是春秋的第一个霸主，他是谁呢？我们下节见。

31 首个霸主诞生

各位同学,大家好,我就是那个人见人爱、花见花开、车见车爆胎的姜 sir。

大家好,我就是那个负责问问题的小 Q 同学。

姜 sir:春和景明,春花绽放。今天,战场上铁马金戈;今天,诸侯摩拳擦掌;今天,将定格为春秋时期的珍宝。在周天子的折腾下,经过全体诸侯,尤其是在各大诸侯的共同努力下,春秋第一届争霸会即将拉开帷幕,历史将翻开崭新的一页。下面请第一位霸主入场。

小 Q:姜 sir,孔子在前面不是已经登过场了吗?

姜 sir:孔子是思想家、教育家的代表。今天这场运动会是政治家、军事家的代表。所以第一个登场的就是齐桓公,被称为春秋首霸。他的祖先,大家肯定不陌生,就是钓鱼的那个人。

小Q：齐桓公是姜子牙的后代啊。

姜sir：齐桓公有个可爱的名字，叫小白，所以他叫姜小白，在他能当上霸主之前，也有一次惊险的经历。

当时齐国内乱，公子纠与公子小白兄弟两个怕被杀，逃往国外。公子纠在管仲的陪同下投奔鲁国，公子小白在鲍叔牙的陪同下去了莒（jǔ）国。公元前686年，齐国发生内乱，出现了没有国君的情况。

小Q：没人当君主了，那这兄弟二人赶紧回去啊。

姜sir：这么乱的时候，谁先回去，谁就是君主，这就比速度了，兄弟二人之间的一场特殊赛跑开始了。鲁国不仅出兵护送公子纠回齐国，而且为了不让公子小白顺利赶回去，派管仲率军去拦截小白。

小Q：这不公平啊，不是比赛吗，怎么能拦人家啊。

姜sir：又不是专业的比赛，这可是要争王位的。管仲还真堵上公子小白了。弯弓搭箭，向小白射去，只听小白大叫一声，倒在车上，一动不动。管仲见状，赶紧回去报告鲁国。

小Q：那公子纠不用着急了，一个人的比赛，还急什么呢？

姜sir：没有人来争夺君位了，公子纠便放下心来，慢慢悠悠地向齐国进发。到了齐国，却发现小白已经成了齐国的新国君，他就是历史上著名的齐桓公。

小Q：啊？发生了什么？

姜sir：原来，管仲那一箭正好射在小白的腰带钩上，根本没有伤着他，而小白却假装被射死，骗过了管仲。

小Q：好聪明啊，要是换成我，我肯定和管仲打起来了。

姜sir：所以要学会忍耐啊。《论语》里有一句话叫"小不忍则乱大谋"，意思是小事不忍耐就会坏了大事。但这个时候的齐桓公不能忍了，一战之下，打跑了鲁国的军队，并且派兵追到鲁国，让鲁国交出管仲。鲁国一看打不过齐国，就把管仲交出来了。

小Q：齐桓公接下来要报那一箭之仇了。

姜sir：齐桓公咬着牙说："我让你射我，拿我的弓箭来。我要还回去。"可就在这个时候鲍叔牙却站出来说不能杀，并且解释道："我只有帮您夺得王位的能力，而要把国家治理得很好，我能力不够。管仲的才能远在我之上，您如果想称霸诸侯，就得用管仲。"小Q，你觉得齐桓公会杀了管仲吗？

小Q：不会的。齐桓公是做大事的人，知道什么事重要。

姜sir：齐桓公听了鲍叔牙的话，便打消了报私仇的念头，任用管仲为相国，鲍叔牙的地位反在管仲之下。

小Q：我觉得更应该去夸奖一下鲍叔牙。他真无私，他不但救了管仲，还能接受管仲比他地位高。

姜sir：所以有一个成语叫管鲍之交，形容的就是朋友之

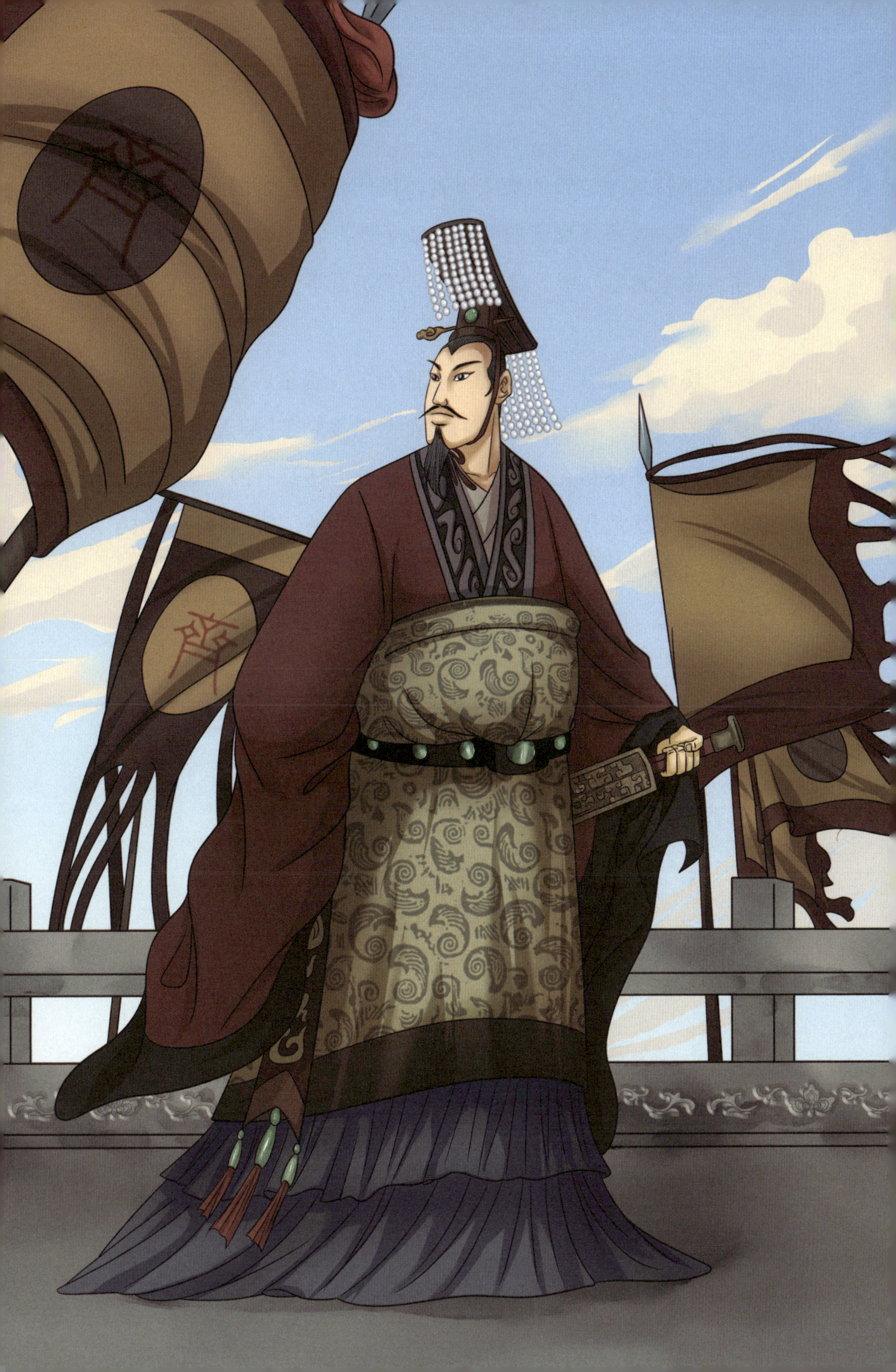

间感情特别深。管仲确实厉害，他任相国后，国家强盛，军力增强，具备了称霸的条件。孟子就把管仲被重用这段写进了《生于忧患，死于安乐》里，"管夷吾举于士"。

小Q：那齐桓公赶紧当霸主啊。

姜sir：霸主可不是想当就能当的，霸主的意思就是所有国家的领袖。不但大家得同意，而且不要忘了，周天子还在呢，名义上天下还是人家周天子的，影响力还是有的，单独一个诸侯国要想取代周天子的地位是不可能的。所以管仲提出了"尊王攘夷"的口号。

小Q：尊王我能理解，就是尊重周天子。那攘夷是什么意思？

姜sir：当时有一些少数民族入侵，管仲的意思是我们得团结啊，我们要在周天子的带领下，一起抵抗敌人啊。这样借着周天子的名义，齐桓公不就说话算话了嘛！

小Q：但大家会听吗？万一不听怎么办啊？

姜sir：齐桓公找了个机会，借周天子的名义，把一些诸侯国叫到了一起，但并没有都来，只来了4个国家，大会上，齐桓公说："我奉周天子的命令，和大家一起商量怎样扶助周王室。今天这个大会，得先推选出一个人为盟主，大家商量商量。"大家也是头一次听说要选盟主啊，正不知道选谁的时候，有人就说天子都把开会的事交给你办了，那就你当吧！

小Q： 姜 sir，我怎么感觉这个人在和齐桓公打配合啊。

姜 sir： 他说完之后，大家纷纷表示同意。齐桓公肯定得谦让一番，说我不行我不行，大家就说你来吧你来吧。最后齐桓公说，好吧，那我就当这个盟主吧。

然后大会宣读盟约。盟约约定，尊重周王室，扶助弱小国家，共同抵御外来民族的入侵。谁要是违背了盟约，其他各国要联合起来，共同攻打它。此后，齐桓公在每次重大的军事行动前，都先向周天子报告，取得同意，再以奉周天子之命的名义进行。

小Q： 这个是不是就叫走形式啊？其实周天子根本都管不了。

姜 sir： 齐桓公没有骄傲，确实是积极地帮助小国抵御外敌，对不听话的国家直接开打，并且从没败过。很快齐桓公就确立了齐国的霸主地位，成为春秋时期的第一位霸主。既然提到了打仗，下节就让我们来了解一下春秋的战争又有什么独到之处。

32 不一样的战争

> 各位同学,大家好,我就是那个人见人爱、花见花开、车见车爆胎的姜 sir。

> 大家好,我就是那个负责问问题的小 Q 同学。

姜 sir:上节我们讲到了春秋第一霸主齐桓公。小 Q,你觉得霸主这个权位可以世袭吗?

小 Q:当然不可以了。只有你足够强大,大家才愿意承认你的霸主地位。

姜 sir:齐桓公去世了,大家失去了领导人,各国之间打仗的打仗,握手的握手,总之一个字:"乱"!这时候宋襄公站出来了:"这个霸主我来当吧。"

小 Q:他有这个实力吗?

姜 sir:当时的宋国土地肥沃,粮食多,钱多,还产生过庄子、墨子这样的大人物，于是就号召大家坐在一起，吃吃饭，喝喝酒，把宋国当老大这件事定下来呗。可就在这时候，楚国不干了："我也想要当老大。"

小Q：那不可能有两个老大啊，上来就要开始打仗吗？

姜sir：先不打，坐下来吃个饭，聊一聊。宋襄公为了表示友好，聚餐的时候就没带着士兵。谁都没想到啊，楚国竟然把宋襄公抓了。

小Q：啊？我们小孩玩游戏还守规则呢，楚国太玩不起了。

姜sir：后来其他国家纷纷劝说："你这不行啊，不讲道理啊。以后谁敢和你约饭啊？谁敢和你做朋友啊？"楚国这才放了宋襄公。

小Q：那肯定得打一仗了，为了争霸主也为了出气，毕竟吃饭被抓，饭都没吃好。

姜sir：你怎么重点在吃饭呢？这样就有了后来的泓水之战。当时，楚国的军队比宋国的强，所以宋国赢的概率不大。楚军来到了泓水南岸，开始渡河，这时宋军已在河的另一面列好阵势，看着楚军渡河。

小Q：宋军应该进攻啊，楚军在水里不方便反击，这不就赢了吗？

姜sir：宋国有人提建议"彼众我寡，可半渡而击"。意思是我们本来士兵就没人家楚国多，趁着他们过河赶紧出击啊，可是宋襄公没同意，说我们是仁义之师"不推人于险，不迫人于厄"。人家正在水里，本身就很危险，我们怎么能这个时候进攻呢？

小 Q：还能这么打仗啊？

姜 sir：楚军最终得以全部顺利过河。随后，楚军整顿队形，这时又有人向宋襄公建议，趁楚军没准备好，赶紧进攻，宋襄公又拒绝了。一直等到楚军摆好了阵势，宋襄公这才击鼓进军。结果败了，宋襄公也受了伤，狼狈地逃回宋国，后因伤势过重，去世了。

小 Q：我都跟着着急，有两次这么好的机会，为什么不把握住呢？这可是打仗啊。

姜 sir：很多人对宋襄公的做法不能理解，但那是一种贵族精神。在春秋时代，战场上要遵守"战争礼节"。早期规定老人、小孩及手无兵器的人不能打。两军交战之前，都会先给对方下战书，明确地告诉对方一声，我要来打你了，你做好迎战的准备吧！然后，两国会约定好一个地方，你出兵，我也出兵，我们大家就在这里打一仗。绝对不会提前埋伏，打赢的一方也不会全力去追，对于受伤的敌人，绝对不杀。

小 Q：这种战争感觉好和谐啊！

姜 sir：比如公元前 597 年，楚庄王带领士兵攻打郑国。打到城底下了，最终退兵了，理由是城墙太破了，我现在攻

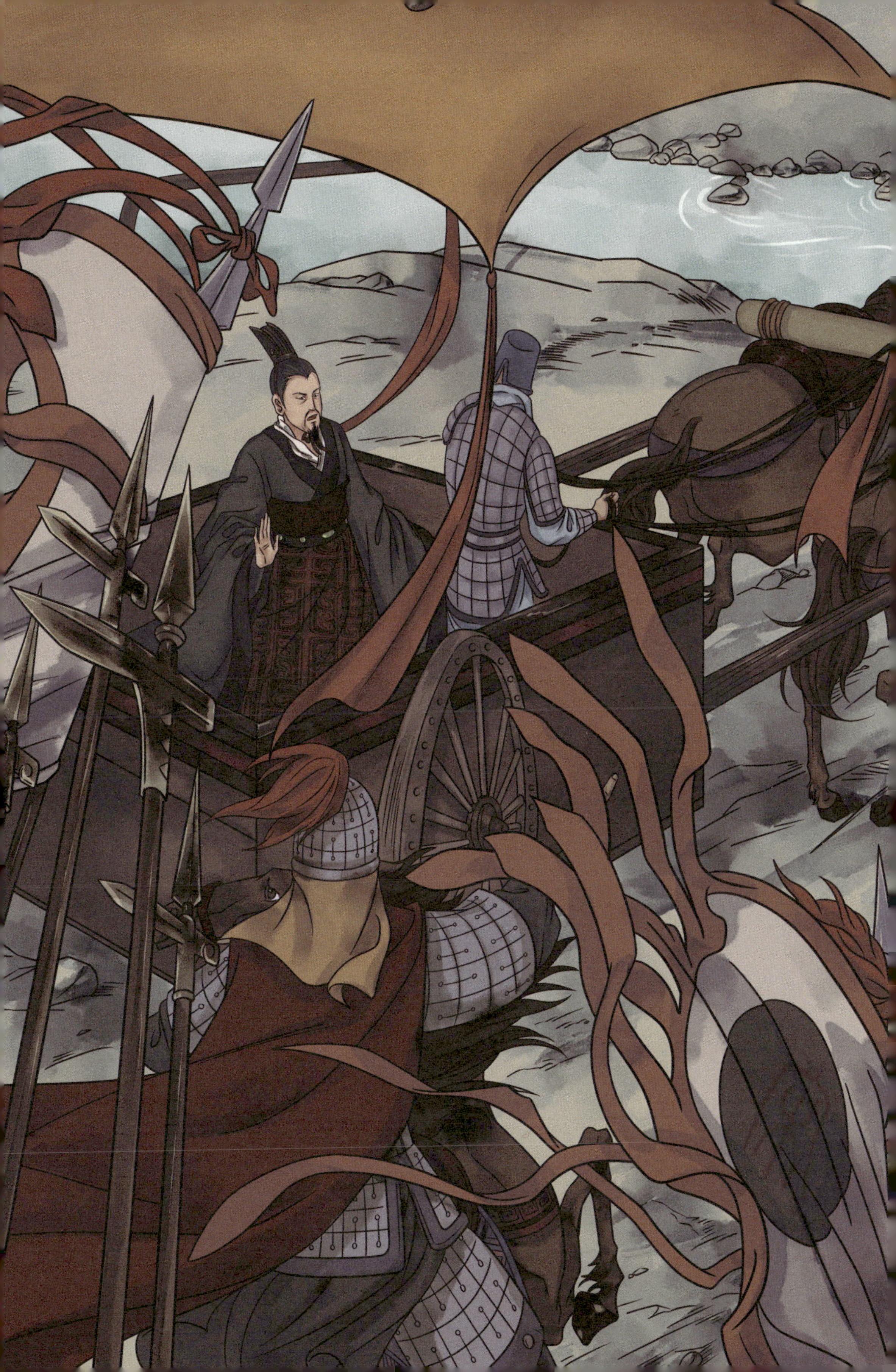

打你，是欺负你，你修好了，我再来打。后来等郑国修好了，楚庄王才来打，然后郑国的郑襄公走出城，做了严肃的自我批评，"我错了，我自我检讨"。于是楚国撤兵，战争结束。

小Q：春秋的战争果然与众不同。

姜sir：还有一次，晋国与楚国交战，晋国被打败后，开始逃跑。可一辆战车陷在坑里走不动了，追过来的楚国人竟然帮忙查看，发现晋国战车有一个轮子坏了。于是楚国人帮晋国人修好战车之后，让晋国人继续逃跑，楚国人继续追击。楚国人一边追，还一边教前面逃跑的晋国人："你们得把旗扔了啊，那挡风，影响速度。"晋国人就听从了。这时楚国人又喊："多余的重物也扔了啊，多影响速度啊。"晋国人就扔了重物继续跑。

小Q：哈哈。晋国人一定在想：我们不要面子的吗？

姜sir：最后晋国人成功逃脱，本想回头说声谢谢，但实在说不出口，就说"吾不如大国之数奔也"。意思就是还是你们有逃跑的经验啊。我学会了。

小Q：我有点儿理解宋襄公了。

姜sir：其实宋襄公是把自己当作齐桓公的接班人，认为自己将是春秋的新霸主。战争既要取胜，过程也要赢得漂亮、合理、高贵。这就是宋襄公，一个很有争议的人物。赞美者认为他具有贵族精神，批判者认为他愚蠢，不懂得变通。但历史就是这样，对错就要交给后人去评价了。

小 Q：确实是，任何人都没办法做到完美，被所有人称赞。我今天对春秋的战争有了新的认识。

姜 sir：要想了解春秋的战争，就不得不说一本书，那就是《左传》。我们下节就来看看《左传》都写了什么。

33 《左传》和战争

> 各位同学,大家好,我就是那个人见人爱、花见花开、车见车爆胎的姜 sir。

> 大家好,我就是那个负责问问题的小 Q 同学。

姜 sir：上节我们讲了春秋不一样的战争,这节我们就来说说记录春秋重要战争的书籍《左传》。提到《左传》,就要先说说《春秋》这本书。

小 Q：姜 sir,我有点晕,春秋不是一段历史时期吗？怎么又成了一本书了？

姜 sir：鲁国有本史书叫《春秋》,这本书的记事时间正好与那段历史时期相同,所以那段历史就叫春秋时期。

小 Q：那为什么叫《春秋》,不叫冬夏、秋冬呢？

姜 sir：一年分为春、夏、秋、冬四季。在商朝和西周前期,一年只分为春、秋二季，后来，虽然已经有了四个季节的划分，但是为了书名的简洁，所以各国史书大多起名为《春秋》。

小Q：那和《左传》又有什么关系呢？

姜sir：《春秋》是中国现存最早的一部按照时间先后顺序写的史书，也就是编年体。但这本书有个小问题，就是写得过于简单，感觉只是列了个大纲，所以就有一些书籍在《春秋》的基础上加一些内容。比如著名的春秋三传《春秋左氏传》《春秋公羊传》《春秋穀梁传》，而《春秋左氏传》又叫《左传》。

小Q：那为什么不叫"右传"？

姜sir：因为作者叫左丘明。

小Q：那这本书除了讲得详细，还有啥特点啊？反正目前为止，还没有让我特别激动的地方。

姜sir：《左传》最大的特点就是讲故事的能力，也就是详细，而其中写得最棒的就是描写战争的篇幅，所以有人称《左传》为"相斫（zhuó）书"。

小Q：我最爱的就是看古代的战争了，《左传》都写了哪些战争啊？

姜sir：《左传》写战争，不是只写战争本身的过程。《左传》记录了大大小小几百次战争，其中对城濮（pú）之战、崤之战、邲（bì）之战、鞌（ān）之战、鄢（yān）陵之战等大战的描述历来被人们赞不绝口。从战事的起因，战前军事、外交的谋略，兵马的调遣，到战时激烈的搏杀，战局的变化，双方的进退，再到战后的结局，各方势力的反应，认识的处理等都进行了详细描写。

小Q：那就讲讲这个吧，让我感受一下《左传》的战争。

姜sir：城濮之战是春秋时期一场重要的战争。卷入战争的至少有九个国家，几乎所有中等级别以上的诸侯国，全都参战了！主力参战双方分别为晋国和楚国。当时的楚国很厉害，想当霸主。而晋国呢，发展也很快，这两个国家注定要有一战，但都不会轻易去进攻对方。就在这个时候，楚国联合陈国、郑国、蔡国、徐国等国进攻宋国，宋国赶紧向晋国求救，"救救我们吧，别忘了当年我们可是对你们国君重耳有恩的啊，得报答我们啊"。小Q，要是你的话救不救？

小Q：肯定救，派几万兵马去攻打楚国。

姜sir：但晋国还不想和楚国开战，虽然派出了军队，但是并没有去攻打楚国，而是去进攻归属于楚国的两个小国——曹和卫。"我围了你的人，你是不是就得放了我的人了？"

小Q：这招儿很聪明啊，相当于二换一。

姜sir：但是，没想到楚国不吃晋国这一套，"我就不放，我就要继续攻打宋"。宋只能继续向晋国求救："你不是说楚国不会打我了吗？现在咋还打得更狠了啊？"

小Q：这次总得派兵去救了。

姜sir：晋文公也很难办，不救，宋国就和自己断绝关系了。但如果去求楚国，人家楚国也不能同意。要是开战，自己的同盟还没找好呢，齐国、秦国不一定帮自己啊！

小Q：打仗要考虑这么多啊，我以为召集士兵就行了。

姜sir：最后晋国没去救宋国，而是给齐国和秦国送了大量的礼物，让这两个国家去劝楚国退兵。齐国和秦国一看，收了晋国这么多的礼物，就是去找楚国说几句话，当然愿意了。

小Q：那楚国肯定能给面子退兵吧？

姜sir：晋国的目的根本就不是让楚国退兵，而是想让齐国和秦国帮自己打楚国。

小Q：那怎么可能呢！你就送了点礼物，人家就帮你啊？

姜sir：于是晋国把打下来的那两个小国的土地公开宣布分给宋国，楚国知道了火冒三丈。那两个小国可是和楚国一伙的，所以齐国和秦国来劝自己的时候，楚国不同意，"别来劝我，我非得打不可。谁的面子也不给"。

小Q：我明白了，齐国和秦国觉得楚国没给他们面子，就帮助晋国了，这招儿太聪明了。

姜sir：这时候，晋国、齐国、秦国的同盟就建立了。楚国冷静下来一看，打不过，于是后悔了，决定退兵。可就在这个时候，楚国的大将子玉不服从命令，坚持要同晋国一战。

小Q：为什么啊？人家对面三个都手拉手结盟了。

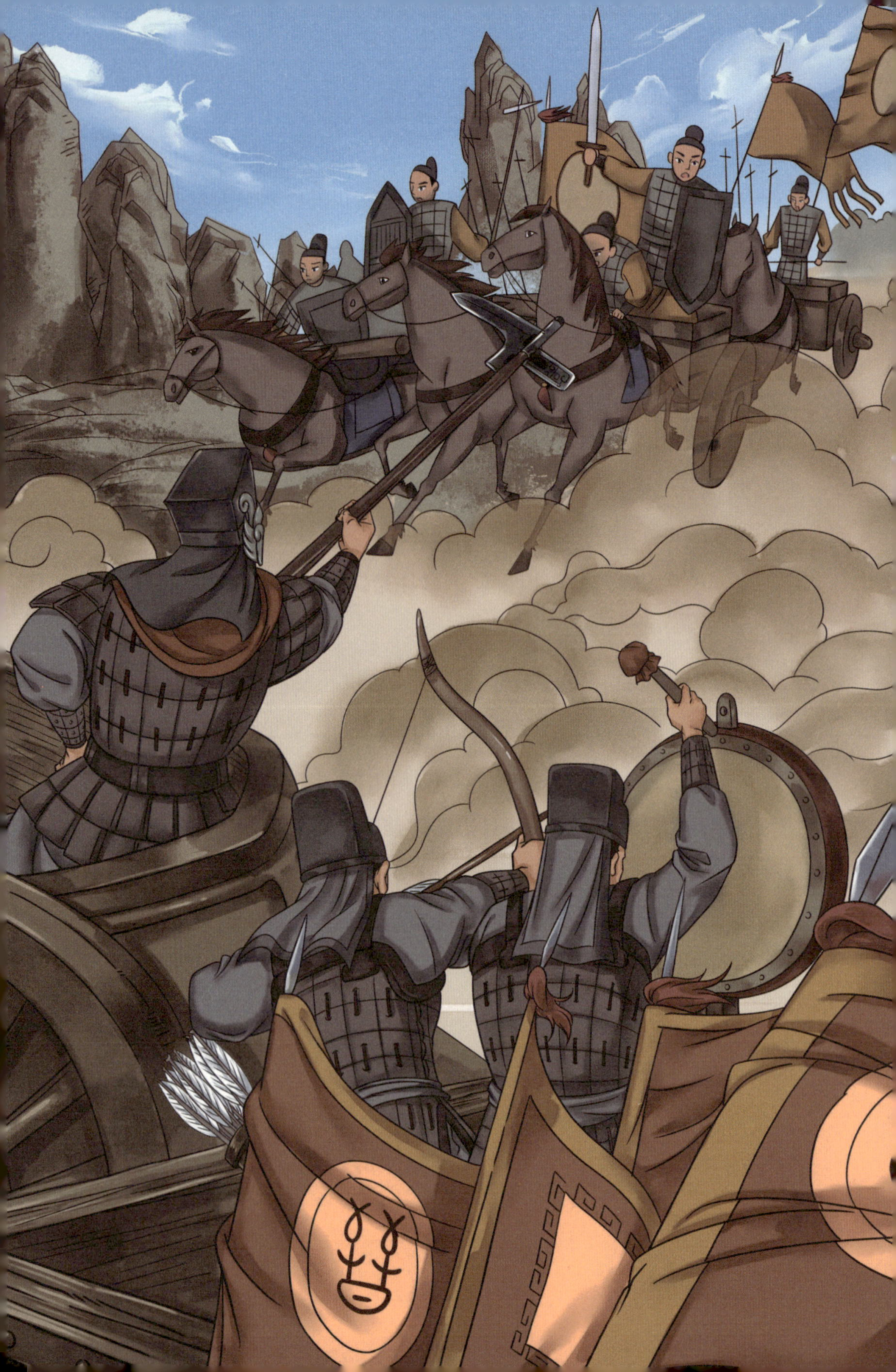

姜 sir： 当时楚国一些大臣认为子玉没什么本事，所以他特别想通过一场战争来表现自己。

小 Q： 可楚王会同意吗？

姜 sir： 楚王本身也有点不甘心，觉得就这么退兵不划算，就给了子玉一些兵马。子玉这个时候就派人去和晋国谈判，"你把曹和卫放了，我就退兵，还把宋国放了"。这时候晋国识破了子玉的计谋，"如果我放了这两个国家，他们肯定感谢子玉啊。然后子玉又退兵，不打宋了，宋也感谢子玉。你们真是想得美"。

小 Q： 子玉肯定很生气。

姜 sir： 是啊，子玉被激怒了，他很快带领军队杀过来了。晋文公见楚军逼近，立刻命令晋军撤退。

小 Q： 怎么能撤退呢？

姜 sir： 晋国的士兵也不理解，说："一国的君主，倒躲避敌国的大臣，这是一种耻辱。"其实，是晋文公曾经欠楚国的人情。楚国当年帮助过他，他答应过楚国，一旦两国打起来，军队后退 90 里，还人家恩情。这就是历史上的退避三舍，比喻退让和回避，避免冲突。

小 Q： 都退了 90 里了，还退吗？

姜 sir： 当然不退了。这时候楚军很骄傲，以为自己打得晋国节节败退，晋军却斗志高昂，憋着力量要消灭敌人。而同盟军齐国、秦国的军队也到位了。你猜猜结局。

小Q：楚国输定了！

姜sir：这场战争也奠定了晋国的霸主地位。

小Q：《左传》记录的战争可真详细。

姜sir：《左传》原名为《左氏春秋》，汉代改称《春秋左氏传》，简称《左传》。

《左传》生动地展示了春秋时期五彩缤纷的历史画卷。包括各执政者的谋权夺势、政客的宦海升沉、贵族内部的吞并、诸侯国之间的欺诈侵掠、战场千军万马的厮杀格斗、密谋策划，各种各样的矛盾、动乱、变故，还采集了大量的历史传说、民间故事、童谣民歌。全书所记载的历史前略后详，就各国诸侯来说，也各有侧重，晋国记录得最详细，占全书的四分之一。

《左传》记录的城濮之战中楚国输了，后来的楚国出现了一位三年不管国家的楚王，他是谁呢？我们下节见。

34 鼎的重量有多少

各位同学,大家好,我就是那个人见人爱、花见花开、车见车爆胎的姜 sir。

大家好,我就是那个负责问问题的小 Q 同学。

姜 sir:小 Q,你还记得商朝有个君王三年不说话吗?

小 Q:当然记得,就是武丁。他第一次开口就是做梦找人。

姜 sir:春秋时期也有一个三年不管国家的君王,就是楚庄王。

小 Q:那接下来的情节,是不是一样的故事啊,最后也做梦?

姜 sir:还是有点不一样的。楚庄王不到 20 岁就当上了君王,对如何治理国家却没有年轻人的激情,他所有的兴趣爱好都是玩。白天打猎,晚上喝酒、听曲。什么国家大事,全不放在心上。大臣提了意见，却没想到楚庄王挂了个牌子通知大家，"谁反对，谁再劝我，我就杀谁"。

小Q：会不会有一些不怕死的大臣去提意见？

姜sir：有啊，有一个大臣就去了，但没敢直接说，换了种方式。"我有个问题，想了很久不太明白，来请教一下您。"楚庄王很开心，觉得自己很厉害："有什么问题就问吧。"大臣就说："楚国山上有一只大鸟，身披五彩，样子挺神气，可是一停三年，不飞也不叫，这是什么鸟？"

小Q：这不就是在说楚庄王三年什么都不干嘛。

姜sir：楚庄王听出来了，却没生气，说："三年不飞，飞将冲天，三年不鸣，一鸣惊人！"意思是，"我在等机会。我会给你们一个惊喜的。"这就是成语一鸣惊人，比喻平时没有突出的表现，一下子做出惊人的成绩。

小Q：姜sir，是不是楚庄王马上就要开始治理国家了？

姜sir：楚庄王没有丝毫改变。有个大臣忍不了了，哭着来找楚庄王。楚庄王就问："你为什么哭啊？"大臣说："我快死了，所以我伤心。"楚庄王好奇地问："你怎么知道自己快死了？"大臣边哭边说："我准备给您提意见，您说过，谁劝您，您杀谁。"楚庄王很疑惑："那你明知道会死，为什么还来呢？"大臣说："我不怕死。你杀了我，大家也会称赞我，但大家肯定会骂你，而楚国也会在你手中灭亡。"

小Q：这大臣可真敢说。

姜sir：楚庄王听了这些话，马上召开会议，罢免了一批奸臣小人，提拔了一批好的大臣。就这样，这位雄心勃勃的君主开始了对外称霸的征程，而楚国在他的带领下很快也成了大国。

小Q：楚庄王这么神？电视剧都不敢这么写啊！

姜sir：你真的以为楚庄王三年是在玩吗？听了几句话，马上就变好了？

小Q：难道他这三年是故意的？

姜sir：这就要从楚国的若敖（ruò áo）家族说起了，这个家族在楚国的地位甚至能威胁到楚王。

小Q：楚庄王难道是怕这个家族，所以三年不说话？

姜sir：当时楚庄王刚即位，这个若敖家族内部产生了一些矛盾，发生了争斗。竟然有一方把楚庄王绑架了，后来大臣们把楚庄王救出来了。

小Q：所以楚庄王三年不管国家，是准备对付这个家族，对吗？

姜sir：楚庄王这三年一直在观察，谁和我是一伙的，谁是这个家族的，谁是好人，谁是坏人。后来，若敖家族发动了政变，楚庄王带领楚国军队平定叛乱，最终若敖家族的大部分势力都被消灭了。

周

小 Q： 看来楚庄王真的是不鸣则已，一鸣惊人啊！

姜 sir： 若敖家族在这次叛乱中杀死了一个大臣，这个大臣的儿子就是后来帮助楚庄王称霸的重要人物，他就是孙叔敖。

小 Q，孟子在《生于忧患，死于安乐》里面写的"舜发于畎（quǎn）亩之中"，舜帝我们认识了；"傅说举于版筑之间"，傅说我们认识了；"胶鬲举于鱼盐之中"，胶鬲我们认识了；"管夷吾举于士"，管仲我们认识了；"孙叔敖举于海"，这下孙叔敖也出现了。

小 Q： 还真是，这部作品里的内容我都知道很多了。

姜 sir： 孟子通过一系列历史人物的例子，告诉我们：

> 故天将降大任于是人也，必先苦其心志，劳其筋骨，饿其体肤，空乏其身，行拂乱其所为，所以动心忍性，曾益其所不能。

意思是上天要把重任降临在某人的身上，一定先要使他心意苦恼，筋骨劳累，使他忍饥挨饿，使他身处贫困之中，使他的每个行动都不如意，通过这些来激励他的心志，使他性情坚忍，增加他所不具备的能力。

小 Q： 以后我再也不抱怨学习中遇到的挫折了。

姜sir：楚国在孙叔敖的帮助下强盛了，可楚庄王竟然问了周大夫一个问题："听说周朝有九个鼎，代表周朝的九州。请问这九个鼎放在哪儿？每个鼎有多重，有多大？"问完之后，周天子以及身边的大臣瞬间脸色就阴沉下来了。

小Q：自己去量一量不就行了吗？干吗还问？

姜sir：这个问题可是不能问的。因为当时诸侯国可以打仗，可以杀人，可以抢地盘，可以不听周天子的，但从来没有一个诸侯问过鼎的轻重大小。因为在我国的神话传说中，历来有"大禹铸九鼎"的说法。每个鼎上刻着代表九个州的内容，然后深埋在地下，这九鼎是华夏中国的象征。成语一言九鼎就是指一句话重于九鼎，形容说话极有分量。

小Q：那周大夫怎么回答的啊？

姜sir：周大夫说："在德不在鼎。"然后就举例，夏桀无德，鼎到了商朝；商纣王无德，鼎到了周朝。鼎到了周朝的时候，问过上天，会在我们家待七百多年，是老天规定的，改不了，还得有个几百年。大概意思就是："你啊，别想了，也别问了，和你无关。"

小Q：哇，说得好棒啊。但楚庄王肯定不高兴啊。他没打周国吧？

姜sir：他敢吗？他要敢打周，晋、齐、秦、鲁、宋、燕等大国马上就能联合起来揍他，他也就是问问而已。所以有个成语叫问鼎中原，比喻企图夺取天下，也用来指有私心，想占据所有。

小 Q：果然在春秋时期，周天子多少还是有点地位的。

姜 sir：天子没人取代，但霸主会一个接一个。楚庄王一鸣惊人当了霸主，接下来这位就更传奇，卧薪尝胆当了霸主。他是谁呢？我们下节见。

35　胆是什么味道

各位同学，大家好，我就是那个人见人爱、花见花开、车见车爆胎的姜 sir。

大家好，我就是那个负责问问题的小 Q 同学。

姜 sir： 小 Q，你听过一个词叫"胆子"吗？

小 Q： 当然了，我从小就被夸胆子大。

姜 sir： 那你知道人的身体里有"胆"这个器官吗？

小 Q： 我知道心、肝、脾、肺、胆、肠子什么的，都在我的身体里。

姜 sir： "胆子""胆量"这两个词其实就和人体的器官有关。有一种理论认为，胆和一个人是不是敢于做决断有关系。胆的功能好，就会勇敢；胆的功能不好，就容易害怕。所以，后人就把胆量和这个器官相关联了。可你知道胆是什么味道吗？

小Q：这我哪儿知道啊，我胆子再大也不能去吃人的器官呀。

姜sir：人的器官当然不可以吃了，但一些允许吃的动物有胆啊。经过很多实验，人们发现胆是苦的，可相传古代竟然有个人经常去舔苦胆。

小Q：天啊，这人难道喜欢吃苦的东西？

姜sir：这个人就是春秋时期的霸主勾践。公元前496年，吴王派兵攻打越国，被越王勾践打得大败。吴王受了重伤，临死前，嘱咐儿子夫差"你一定要替我报仇啊"。夫差牢记爸爸的话，抓紧训练军队，过了两年，率兵把勾践打得大败。勾践被包围，无路可走，准备自杀。这时候，大臣劝他，"死了就彻底没机会了，你可以投降啊。留得青山在，不愁没柴烧。活着更重要，以后还有机会"。

小Q：但夫差会同意吗？他是要报仇的啊。

姜sir：勾践给夫差身边的一个大臣送了好多钱，那个大臣特别贪财，就答应了帮助勾践求情。他找到夫差说："越王勾践愿意投降，做您的臣下伺候您，您让他干什么他就干什么。求您能饶恕他。"

小Q：那就没有大臣当场提出反对意见吗？

姜sir：有啊，帮助夫差打败越国的伍子胥说："治病要除根，勾践深谋远虑，手下大臣精明强干，这次放了他们，他们回去后就会想办法报仇的！"可是夫差已经骄傲到极致了，觉得我今天能打败勾践，下次还能打败他，没什么可怕的。就答应了越国的投降，把自己的军队撤回了吴国。但是勾践得跟着一起回吴国。

小Q：那吴王夫差会不会对勾践不好啊？

姜sir：何止不好，是羞辱！让勾践喂马，给夫差脱鞋，服侍夫差上厕所，甚至夫差踩着勾践的背上马车。勾践就是人肉的板凳梯子。

小Q：天啊，换作我，一天都坚持不下来。

姜sir：因为勾践一直有个信念："我要忍，我要活下来，才有机会被放走，才能复仇。"

小Q：那最后万一不放怎么办？

姜sir：三年后，夫差不再怀疑勾践当年的投降了，他觉得这些丢人的事勾践都能干，肯定是他内心已经臣服于自己了，所以放他回去吧，以后肯定听话。

小Q：伍子胥没反对吗？

姜sir：极力反对，说这是放虎归山。可是夫差不听，夫差特别自大，相信自己的实力，于是就让勾践回国了。

小Q：我觉得勾践太厉害了，太能忍了。

姜sir：伟大是熬出来的。勾践结束了他的黑暗生活，回

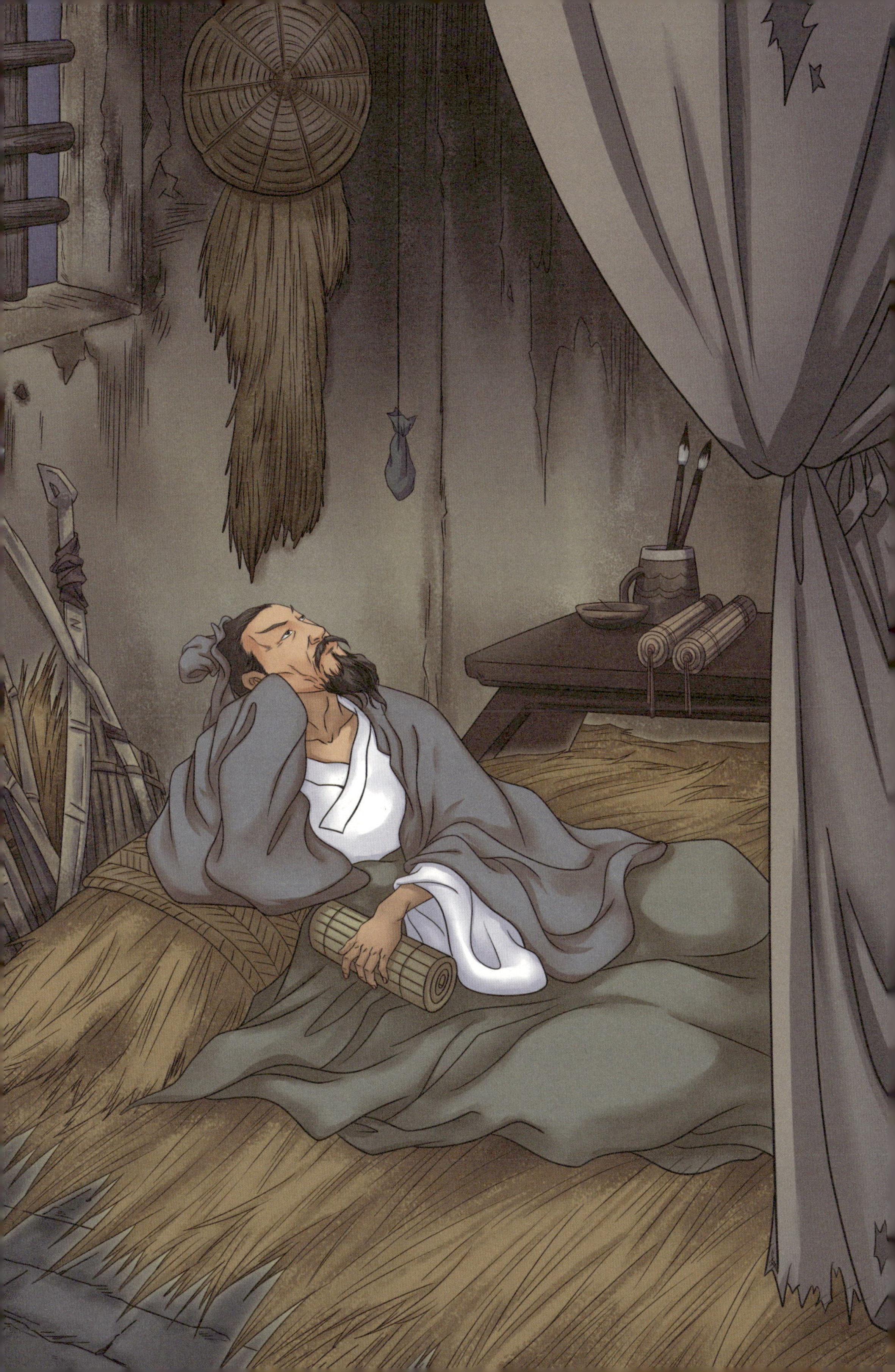

国后一直抱着"我要变强大，我要复仇"的信念。他可不像一般人，觉得"我吃了这么长时间苦，可得享受一阵"。勾践怕舒适的生活会让自己忘记仇恨，于是晚上睡在稻草堆上，还在房子里挂上一只苦胆，每天早上起来后就尝尝苦胆，提醒自己不要忘了三年的耻辱。

小Q： 我觉得勾践这种人放在任何时代都会成功的。

姜sir： 他亲自到田里和农民一起干活，感动了越国上下所有人，经过十年的艰苦奋斗，越国强大了。而吴王夫差狂妄自大，不顾人民的反对，经常出兵与其他国家打仗。他还听信坏人的话，杀了忠臣伍子胥。

小Q： 事情的结局我都能猜到了，吴国输定了。

姜sir： 公元前482年，夫差带领大军北上，与晋国开战。越王勾践趁吴国军队在外，突然袭击，一举打败吴兵。夫差急忙带兵回国，派人求和。勾践知道自己的实力不能一次灭了吴国，就同意了。公元前473年，勾践第二次带兵攻打吴国。这时的吴国根本抵挡不住越国军队，夫差又派人求和。你觉得勾践会同意吗？

小Q： 当然不会了，他是来报当年的羞辱之仇的。

姜sir： 夫差见求和不成，后悔没有听伍子胥的忠告，就拔剑自杀了。这就是"苦心人，天不负，卧薪尝胆，三千越甲可吞吴"！勾践卧薪尝胆，仅以三千越甲，吞并了吴国。

小Q：我也要买个胆，挂起来，每天舔一舔，买点稻草，不睡床了，睡稻草上。

姜sir：你要学的是勾践的精神，不是这种形式，再说了，勾践不一定真做了这事。

小Q：啊？那为什么说是卧薪尝胆？

姜sir：很多古书中，比如《左传》《国语》，都没有卧薪尝胆的事。《史记》中说勾践床前悬挂苦胆，坐卧都看得到，吃饭时尝尝苦胆的滋味，但没提稻草的事。

最早的卧薪尝胆是苏轼编出来的。但苏轼写的不是勾践，到南宋才开始有了勾践卧薪尝胆，明朝的一些历史小说里开始增加卧薪尝胆的细节。但无论勾践有没有卧薪尝胆都不重要，他坚忍不拔的精神才是我们应该学习的。

勾践成为春秋时期最后一位霸主，而接下来一个特殊的事件，也让历史从春秋进入了战国时期，是什么特殊的事件呢？我们下节见。

36 开启战国的事件

各位同学,大家好,我就是那个人见人爱、花见花开、车见车爆胎的姜 sir。

大家好,我就是那个负责问问题的小 Q 同学。

姜 sir:小 Q,你还记得春秋第一个霸主齐桓公吗?

小 Q:当然记得,就是公子小白。

姜 sir:那他当时称霸的时候,对周天子什么态度?

小 Q:还是比较尊重的,也是打着周天子的名义去做事情的。

姜 sir:这就是春秋和战国的区别。战国时,各国国君不再承认周天子的地位。各国打仗的目的就是吞并土地和人口,最终目的是统一天下。而春秋和战国的分界线有很多种说法,一般都认为是三家分晋。

小Q：听名字，就是三个国家把晋国瓜分了，是这个意思吧？

姜sir：一向被称为霸主的晋国，到了春秋末期，国君的权力衰落了，下面的大臣也不听话了。整个晋国，四个家族说了算，分别是智家、赵家、韩家、魏家。

小Q：其中赵、韩、魏听过，就是后来战国的三个国家。这个智家没听过。

姜sir：智家的势力是最大的，晋国的所有大小事都是他们说了算。可智家却出了一个叫智伯瑶的人，仗着家里的势力比较大，四处欺负人。

小Q：根据我读历史的经验，一般这种人要出事了。

姜sir：智伯瑶对韩、赵、魏的人说："晋国本来是中原的霸主，为什么现在不行了，就是因为我们几家不团结，所以，我建议每家拿出一些土地给晋国的国君，怎么样？"

小Q：好主意啊，大家团结起来，一起强大。

姜sir：但他不是为了团结，他是想把土地拿走，自己越来越强大。

小Q：那三家能同意吗，这不是占便宜吗？

姜sir：韩和魏不想吵架，吃亏就吃亏吧，就给了。可赵不同意，说："土地是我爸爸留下来的，凭什么交出去啊。"智伯瑶一听，生气了，于是命令韩、魏一起发兵攻打赵。

小Q：三家打一家，赵肯定打不过啊。

姜sir：赵退守晋阳。没多久，三家军队把晋阳城团团围住，可是赵一直死守。三家打了两年多，也没打下来。

小Q：哇，太能防守了。

姜sir：有一天，智伯瑶到城外察看地形，看到晋阳城外有条河，忽然想出了一个主意：用河水去淹晋阳城。当时正赶上雨季，天天下雨，水越来越多，大水就直冲晋阳，灌到城里去了。

小Q：完了，这下防不住了。

姜sir：城里的房子被淹了，老百姓跑到房顶上躲着，晋阳城的老百姓恨透了智伯瑶，宁可淹死，也不肯投降。

小Q：但我觉得大水这么一冲，打进来是早晚的事了。

姜sir：马上要赢了，智伯瑶说了他人生中最不应该说的话，整个历史就在这儿改变了。他扬扬得意地对韩、魏的人说："吾始不知水之可以亡人之国也，乃今知之。汾水可以灌安邑，绛水可以灌平阳。"意思就是我以前不知道水可以灭亡一个国家，现在知道了，汾水可以淹没安邑，绛水可以淹没平阳。

小Q：这话有什么问题吗？不就是找到了打仗的规律吗？

姜sir：安邑是魏的地盘，平阳是韩的地盘，智伯瑶的话可以理解为，我今天用水灭了赵，以后也可以用水灭了你俩。

小Q：我隐隐约约知道为啥三家分晋，没有智家了。

姜 sir：当天晚上，赵派人偷偷地出城，找到了韩和魏，约他们反过来一起攻打智伯瑶。你猜这两家会不会同意？

小 Q：我猜会，因为赵如果被灭了，接下来智伯瑶就会灭他俩。

姜 sir：第二天夜里，赵、韩、魏三家的士兵驾着小船、木筏一齐冲杀过来。智家的士兵被砍死和淹死在水里的不计其数。智伯瑶全军覆没，韩、赵、魏为了防止智家报仇，一次杀了智家二百余人，连智家的土地也由三家平分。

小 Q：那晋国毕竟还有国君呢，不管管吗？

姜 sir：晋国君主很生气，向齐、鲁两国借兵。但没打过，晋国留下的其他土地也被这三家瓜分了。这就是三家分晋。

小 Q：都怪智伯瑶这张嘴，低调一点，整个晋国可能都是你的了，估计历史都得改写。

姜 sir：历史就是历史，事情已经发生了。公元前403年，韩、赵、魏三家派使者去见周天子，要求周天子把他们三家封为诸侯。周天子同意了，从此之后，韩、赵、魏都成为中原大国，加上秦、齐、楚、燕四个大国，历史上称为"战国七雄"。

小 Q：那为什么这件事之后就是战国了呢？大家为什么不尊重周天子了呢？

姜 sir：这件事得怪周天子自己打破了规定。你还记得晋文公重耳吗？

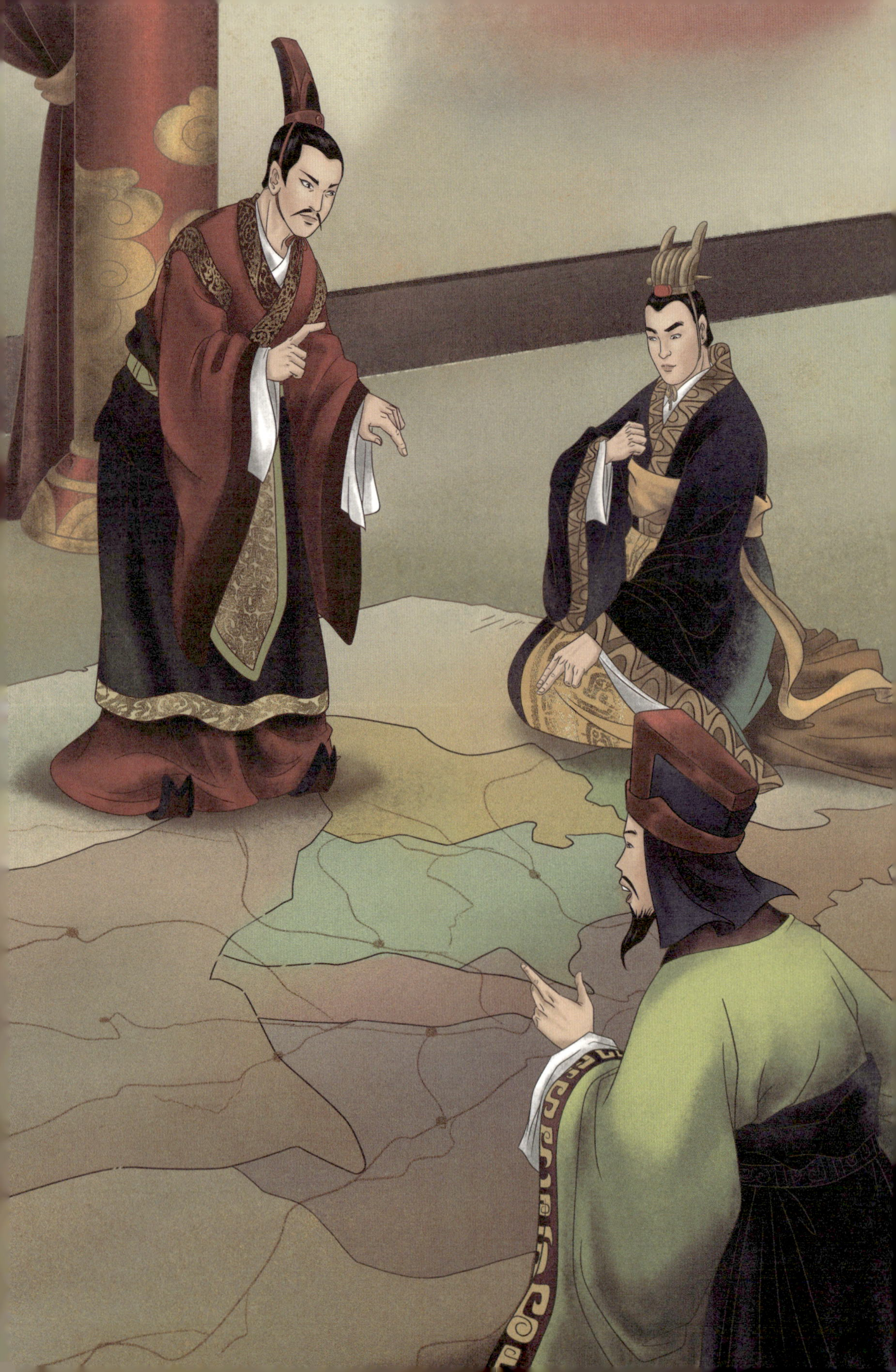

小Q：记得啊，退避三舍那位。

姜sir：晋文公当时已经是霸主了，当时问周天子，自己死后，能不能按照天子的规格下葬，可周天子拒绝了，说又没有换朝代，怎么可以这么做呢，但你晋文公那么厉害，你要在自己的土地上非那么做，我也管不了。你猜晋文公做了吗？

小Q：没做，他还是尊重周天子的。

姜sir：是的，那么强大的霸主还是在乎这种礼仪制度的。但三家分晋，周天子竟然没干涉，哪怕从言论上批评一下都没有，最后还给了那三家诸侯的地位。你说其他诸侯心里怎么想？

小Q：相当于他自己破坏了制度，大家心里肯定不服气，以后也就越来越不尊重周天子了。

姜sir：对喽，所以战国开始，各国都要变强。具体要怎样才能变强呢？我们下节见。

37 看谁会变

> 各位同学,大家好,我就是那个人见人爱、花见花开、车见车爆胎的姜 sir。

> 大家好,我就是那个负责问问题的小 Q 同学。

姜 sir:三家分晋意味着春秋时期结束了,而战国时期诸侯都想让自己变得强大,于是各国就像赛跑一样开始了变法。

小 Q:什么是变法?

姜 sir:旧的一些制度不适合了,让整个国家不能进步了,就要改良革新,这就叫变法。不能刻舟求剑。

小 Q:刻舟求剑不是个故事吗?

姜 sir:说楚国人在坐船渡江的时候,不小心把剑掉落水里了,他竟然没有跳下去捞,而是在船边刻上记号,说:"这里是我的剑掉下去的地方。等船停了,我就从刻记号的地方下水去找。"你觉得他能找到吗？

小Q：当然不能了，船是在向前移动的啊。

姜sir：这个故事告诉我们，世界是变化的，如果我们不懂得变通，就会落后，和刻舟求剑的人一样最后什么都得不到。这个成语也比喻办事刻板拘泥，不知根据实际情况处理问题。

小Q：原来这个成语就是在讲要变法，要改革啊。

姜sir：在整个战国时旧的制度不断被打破，谁改造的旧制度多、变法时间能坚持得更长久，谁的国家就越强盛，越有可能统一天下。小Q，你觉得各国的变法会很顺利吗？

小Q：我觉得不会，自从了解了这些历史后，我发现就算是天子，做事情也需要考虑好多方面，尤其是能不能得到一些大臣、贵族的支持。

姜sir：是的，变法不是一件容易的事，每个国家都没有经验，每个国家也都等不起，你变法慢了或者失败了，别国一旦成功了，就会消灭你。所以在战国，变法虽然让大家都进步了，但很多变法最后都失败了，我们来看看第一个变法的魏国。公元前406年，李悝（kuī）在魏国实行变法，是战国的第一次大型改革变法。

小Q：那他如果变法成功了，其他国家会模仿着学习吗？

姜sir：每个国家都有自己的特点，别国的变法不一定适合自己。但一定有能学习参考的地方，小Q，如果让你改革

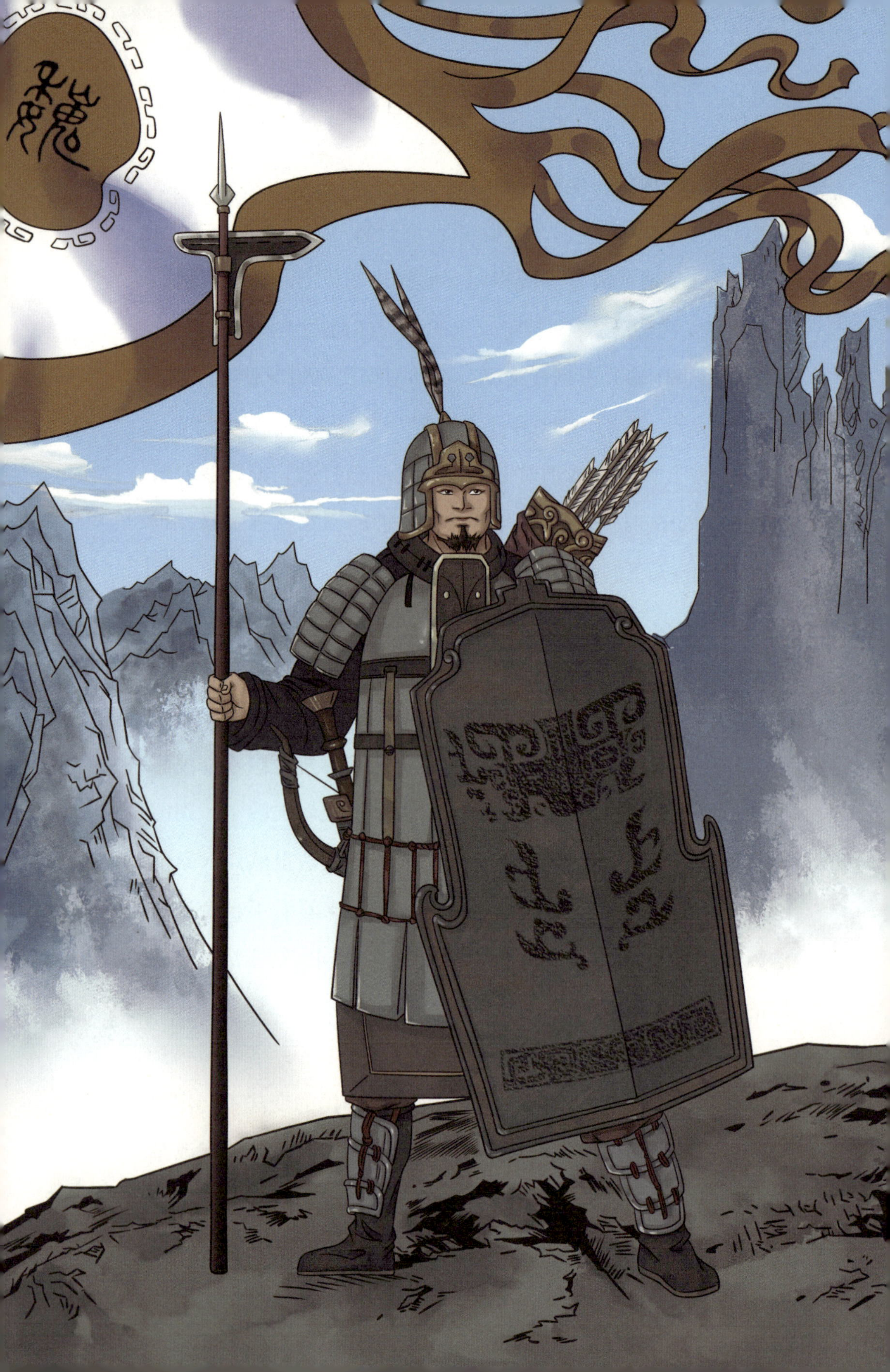
魏

一个国家，你会怎么做？

小Q： 我会让老百姓过得好，还有就是军队得变强大。

姜sir： 魏国首先保证了农民能够种好粮食，国家每年都会用标准价钱去收购粮食，不会让农民种了粮食赚不到钱。

小Q： 这招儿很好，毕竟以后打仗都是需要粮食的。

姜sir： 同时制定好法律，任何事情都严格按照法律执行。提到军队就更厉害了，魏国的步兵5万人大战秦国50万人，结局是秦军被打得节节败退，几乎没有任何还手之力，秦国50万人丢盔弃甲，落荒而逃。

小Q： 太厉害了，相当于1个打10个啊！

姜sir： 这支军队是吴起训练出来的，吴起可是和写过《孙子兵法》的孙武并称"孙吴"的人物。《资治通鉴·周纪·吴起才识》中写道：

> 起之为将，与士卒最下者同衣食，卧不设席，行不骑乘，亲裹赢粮，与士卒分劳苦。卒有病疽者，起为吮之。

意思是吴起带兵一向是同等级最低的士兵同吃同住，没有特殊待遇，睡觉的时候从来不铺专门的席子，行军的时候也不骑专门的马匹，亲自背着行军粮，替士兵分担劳苦。晚上士兵都吃完睡下后,吴起再吃饭睡觉,看到士兵中有受伤的,身上长疮流出脓血,吴起便趴在士兵的身上,为他吸出那些脓血。所有的士兵都愿意为吴起赴死,即使在战死的时候,士兵都面带微笑,没有人回头逃跑。

小Q: 我的天啊,这样的战斗力太可怕了。

姜sir: 吴起的军队在历史上被称为魏武卒,就是那个年代的特种部队,要想成为魏武卒的一员,要达到下面的标准:穿上三层铠甲和铁盔,能拉开十二石(dàn)的重弓,再背上五十支箭,扛着长戈或铁戟,腰带利剑,携带三天的作战粮草,半天能走一百多里。

《吴子·图国》中记载这支军队大战七十六次,全胜六十四次,其余不分胜负。

> 与诸侯大战七十六,全胜六十四,余则钧解。辟土四面,拓地千里,皆起之功也。

小Q: 变法太重要了,这太强大了。

姜sir: 粮食足了,法律有了,军队强大了。还有一件事得改,就是那些贵族的特权,凭什么你们生下来啥都不干,就享受那么多,以后谁对国家有功劳,谁做得好,谁做得多,谁才能拿到各种封赏奖励。

小Q：这个变法是好，但这些贵族会同意吗？

姜sir：所以有些变法的失败就在一点，君主的支持。如果魏王大力支持改革就成功在望，我就敢改，但魏王要是犹豫了，有点害怕了，变法就不可能成功了。

小Q：那最后这次变法成功了吗？

姜sir：魏国变法的这四招儿真是厉害，一时间让魏国上下生机勃勃。可是，老贵族们害怕了。他们觉得自己的利益被影响了，开始通过各种手段打击改革派，最终吴起离开了魏国，基本宣告变法结束了。

小Q：那这次变法算失败了吗？

姜sir：李悝变法让魏国称霸战国初期百余年，但后来李悝去世了，魏国也换了君王，就没有继续坚持下去。但这次变法的影响非常大，各个国家都看到了变法的好处，都开始变法，并且学习了这次变法的经验。

小Q：唉，这要是魏国坚持下去，历史不就改变了吗？

姜sir：如果把一个国家比作一个人的话，你觉得变法是吃药打针吗？

小Q：我觉得变法是做个大手术，得切开肚子的那种。

姜sir：所以懂变法的人觉得是在治病，不懂变法的人却认为这是要命。

小Q：我明白变法的不容易了，那其他国家的变法也都

失败了吗？

姜 sir：接下来每个国家都开始变法，在那个年代，好像谁要是不变法，聊天都不知道和别人说什么。但最成功的就是秦国，所以最后统一天下的也是秦国。那秦国是怎么变法的呢？我们下节见。

38 由弱变强的奇迹

各位同学,大家好,我就是那个人见人爱、花见花开、车见车爆胎的姜 sir。

大家好,我就是那个负责问问题的小 Q 同学。

姜 sir：上节我们提到了战国的变法,说起战国最成功的变法就不得不提秦国的商鞅变法,而谈到秦国的变法反而要从魏国的李悝变法说起了。小 Q,你还记得魏国是怎么产生的吗？

小 Q：记得,韩、赵、魏把晋国分了。

姜 sir：这事对于秦国来说,有着特别的意义。晋国在秦国的东面,秦国只要想往东面发展称霸,必须越过强大的晋国。

小 Q：那晋被三家分了,秦国应该很开心啊。

姜 sir：强大的晋国终于不在了,秦国很开心。但是没想到,魏国通过李悝变法迅速跃升为最强大的诸侯国。

小Q：唉，好不容易没有晋国挡着了，又来了个魏国。

姜sir：不仅如此，秦国内部也出现了问题。连续几代为了争夺君王的位置自己人打架，国家越来越弱。

小Q：姜sir，这就是大病啊，就得用变法才能治啊。

姜sir：公元前362年，21岁的秦孝公即位。当时的中原人都看不起秦国，认为秦国经济、文化落后，政治影响力低。秦孝公决定改变这种局面，于是就有了商鞅变法。

小Q：秦国的贵族会反对吗？

姜sir：肯定啊。任何变法都一定会有阻碍的。于是，当时就举办了一场生动的辩论赛，就看谁能说过谁。

首先，让我们用掌声有请保守派表达他们的观点："我方认为，不是非要变法才能变好。老百姓已经习惯了一种制度，现在短时间内就让他们改变、适应，他们能同意吗？再说了，变法就一定有用吗？有十足的把握吗？如果没有，现在的制度已经用了很多年，最起码没出大问题。"

小Q：保守派说得有点儿道理啊！

姜sir：保守派表达完毕，让我们用掌声有请改革派表达他们的观点："为什么要征得百姓的同意啊？只要变法成功了，他们自然就知道好处了，任何创新的人最初都容易被大家嘲笑。要取得最大的成功，就得去冒险，只要对国家、对百姓

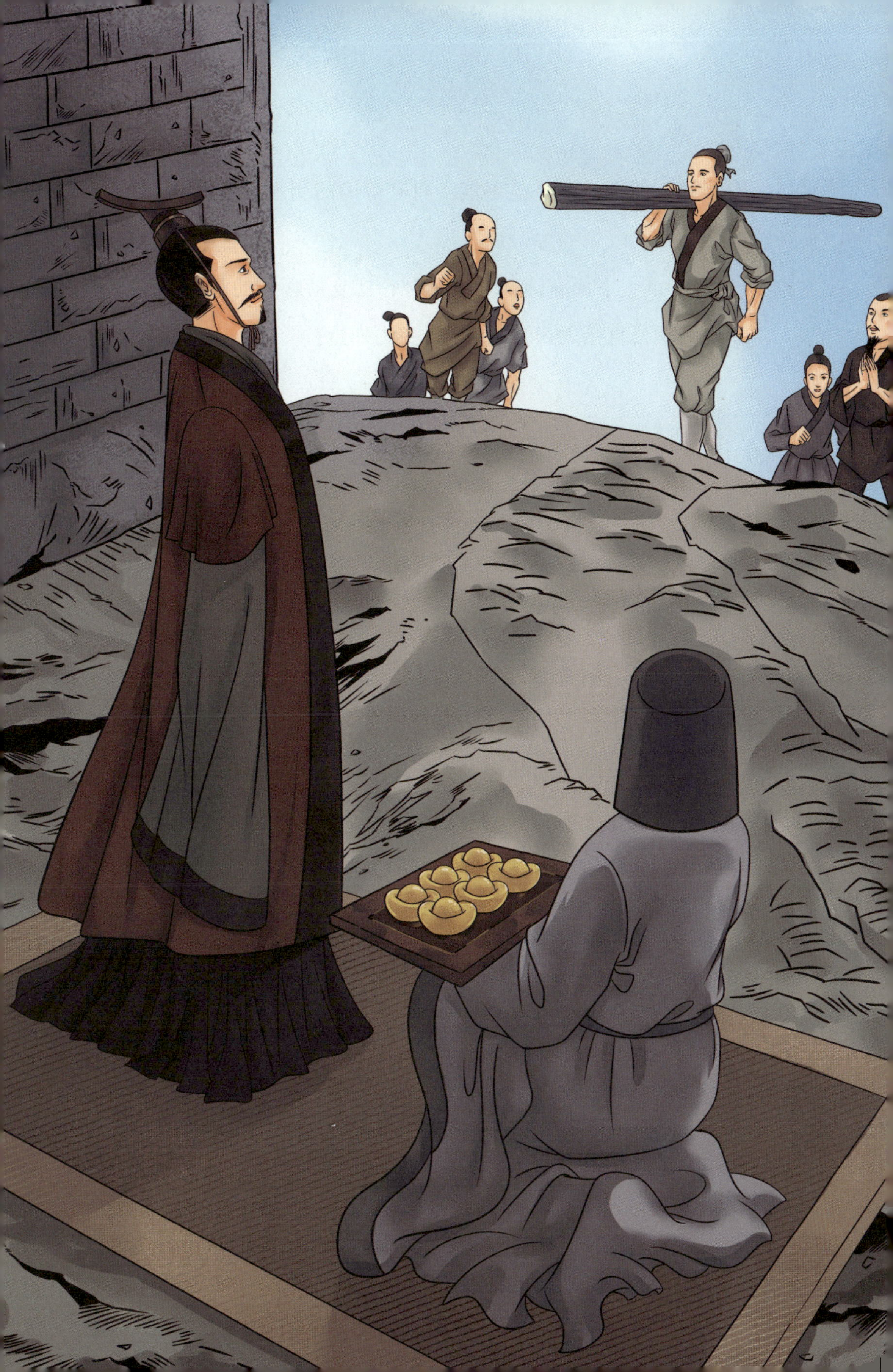

有好处，就得去试试，不能一直守着旧的制度不变。"

小Q：改革派说得也有点儿道理啊！

姜sir：下面有请裁判秦孝公，您支持哪方的观点呢？

秦孝公直接大声地宣布："变法开始！"

小Q：我怎么觉得秦孝公在一开始就已经决定了支持变法。这就是走个形式。

姜sir：于是很多重要的法令开始实行，但老百姓不太相信变法，觉得不可思议。难道真会有各种各样的奖励和赏赐？

小Q：那就真给，让老百姓知道就可以了。

姜sir：这件事就叫商鞅立木。商鞅命人在市场南门前放置一根木头，宣布谁能搬到北门，就能得到很多钱。百姓看到后，根本不信，搬个木头就能给钱？于是没有人愿意去搬。商鞅就说："比刚才的钱还多，有人去吗？"有一个人就说："试试呗，不给也无所谓。"搬过去之后，还真拿到钱了，于是大家就知道商鞅变法不是在开玩笑的。

小Q：商鞅有哪些特殊的变法吗？

姜sir：有一个著名的连坐制。

小Q：是大家手拉手坐在一起吗？

姜sir：是手拉手一起被处罚。连坐是指谁要是犯错了，不止罚一个人，而是连他周围的邻居、亲人都要被罚。这样大家就会互相监督，"你可别犯事啊。你犯事了，我还得跟着被罚"。

小Q：如果我在秦朝被罚站，不仅爸爸妈妈陪我挨罚，邻居也得被罚。这个方法对治理秦国肯定管用。

姜sir：在军队治理上，给了士兵很大的动力，你只要上战场，杀了敌人，杀得越多，奖励就越多。你们全家都跟着奖励，这个奖励可不是钱那么简单，还包括你在这个国家地位的提升。

小Q：那秦国军队的战斗力肯定增强了。这可是获得奖励，改变人生的好机会。

姜sir：并且还规定，贵族如果不上战场立功，你的特权也会取消。总之，只要你立功多，你的所有的待遇和地位都会改变。

小Q：我都想去秦国了，努力就会有好结果。

姜sir：新法实行十年之后，老百姓就都适应了新法，秦国成为强国，商鞅变法也成为各国变法中最彻底、最成功的一次变法，这就是"商鞅相孝公，为秦开帝业"。凭借商鞅所创制的秦法，依靠商鞅培育的强大秦军，秦始皇完成了荡平诸侯、统一中国的伟大事业。

小Q：商鞅好棒呀。那他后来一定地位很高吧？

姜sir：秦孝公去世后，秦惠文王继位。有人说商鞅要造反，秦惠文王信了，后来就杀了商鞅。

小 Q：肯定是商鞅变法得罪了那些贵族，他们报复。

姜 sir：变法就是这样，一定会有旧势力反对。虽然商鞅死了，但之后秦国历代国君都没有改变商鞅留下的制度。秦始皇就是商鞅的铁杆粉丝，所以秦的变法持续时间最长，也是最成功的。

小 Q：真是牺牲我一个，幸福千万家啊！

姜 sir：这就是战国时代的特征，虽然乱，但只要你有才华，就会有展示的机会，所以这个时代也是人才辈出的时代，比如诸子百家的产生。什么是诸子百家，又有多少家呢？我们下节见。

39 诸子百家到底有多少家

各位同学,大家好,我就是那个人见人爱、花见花开、车见车爆胎的姜sir。

大家好,我就是那个负责问问题的小Q同学。

姜sir:上节我们讲到了战国时期最成功的变法——商鞅变法。而在战国时期,不仅国家需要改变,人们的很多想法也在进步,所以很多人都提出了自己的想法,于是就有了百家争鸣。

小Q:百家争鸣就是一百个人争先恐后地发表自己的想法,是吗?

姜sir:百不代表具体的数量,只是大概。根据记录,有名字的189家,出名的几十家,最有名的十几家。

小Q:就是这些派都有自己的观点,都认为应该怎么做,是吗？

姜sir：当时大家各自表明观点，互相辩论去证明自己的观点是正确的，所以当时的文化非常繁荣，每个学派又都有特别厉害的人，这些人就叫诸子，所以也叫诸子百家。

小Q：那这些诸子有我认识的吗？

姜sir：肯定有啊，孔子、墨子、庄子、韩非子、孟子、荀子、老子。

小Q：他们当时起名很流行用"子"这个字吗，那我应该叫小Q子。

姜sir：这个"子"可不是你认为的起的名，这是一种称呼。一些品德高尚，有才华的人，一般会在这个人姓后面加上"子"。

小Q：是所有人都能这么叫吗？

姜sir：春秋时期一些官员可以用，战国时期老师、学者可以用了。

小Q：原来诸子百家的名字是这么来的啊。那他们的观点有相同的地方吗？

姜sir：这个问题好，大家都知道会有不同，其实诸子百家最终的目的是相同的，就是"天下"。不是为了某一个国家，也不是为了自己的学派，而是为了天下如何能更好。

小Q：原来如此，后来的人对诸子百家都是竖大拇指的，我现在对他们的观点还挺好奇的。

姜 sir：我们今天就说说最著名的儒家、道家和法家。小Q，如果你看见一个盲人，却在晚上打着手电走路，你觉得是为什么？

小 Q：看不见为什么还要打手电呢？想不明白。

姜 sir：儒家会这么解释：他是怕别人看不清路。

小 Q：这个回答好暖心啊，我都感动了。

姜 sir：儒家的思想就是"仁"。在孔子看来，人应该友爱大众，亲近贤德。

孟子则对"仁"做了进一步阐述，认为"仁"是人的本性，是人与禽兽的本质区别。孟子说："恻隐之心，人皆有之。""无恻隐之心，非人也。"恻隐之心的意思是见到遭受灾祸或不幸的人产生同情之心。

同时你要爱自己的亲人，然后能做到尊敬所有的人，"老吾老，以及人之老；幼吾幼，以及人之幼"，意思就是敬爱自己家的老人，也敬爱别的老人；呵护自己的孩子，也呵护别人的孩子。

小 Q：如果儒家的思想都实现了，该多美好啊。

姜 sir：儒家的思想有它的终极目标，但对于学生来讲，最重要的是一个字"学"，这个字在《论语》里出现了65次，孔子处处都在和我们谈学习。

小 Q：任何人要完成自己的理想都离不开学习，那别的

庄子

孔子

老子

韩非子

墨子

学派怎么看待盲人打手电的事呢？

姜 sir：法家会认为黑夜出门就必须打手电，所以他打了手电。

小 Q：啊？这是为什么？

姜 sir：法家思想在当时的战国是最受欢迎的，比如商鞅、李悝都是法家。法家不像儒家一样去谈教育，去试图改变大家的内心，而是做什么、不做什么、怎样做都按照法律。做得好，就赏；做得不好，就罚。

小 Q：我感觉儒家很暖，法家听着很严啊。

姜 sir：儒家的理想需要所有人从内心去接受，儒家希望把整个世界所有的规矩都定下来。比如皇帝吃多少肉，百姓吃多少肉，走路步伐不能过大或过小，最好是把多少厘米都定下来。

《礼记·礼运·大同》里描述了孔子心目中的大同社会，大致意思是人们不仅仅要孝顺自己的双亲，疼爱自己的孩子，还要让所有的老人都能够颐养天年，所有身强力壮的年轻人都能勤奋地去工作，去为家庭、社会做贡献，让所有的孩子都能够健康快乐地成长，残疾人、病人都可以得到细心的照料和供养。男耕女织，各安其分。

人们没有私心，助人为乐，任何东西只要有人需要，就赶紧拿过去，尽心尽力去帮助他、协助他。因为大家都无私地互相帮助、互相关心，所以就没有尔虞我诈、互相欺骗的情况发生，什么阴谋诡计也都用不上了。

大家都没有私心，自然就不会去偷盗，所以大门也不用关了，路不拾遗，夜不闭户。这种社会状况就叫作"大同社会"。

小Q：这很难实现吧，毕竟不是所有人都能有这样的境界。

姜sir：所以儒家强调提高个人修养。从孔子、孟子、荀子到他们的学生就都做到了。但法家就是只看效果，只要能强国，能称霸，怎么样都行。把法律制度定好，严格执行就可以了。

小Q：我觉得这俩融合一下挺好的，你看我在学校，也有规章制度，同时老师也经常给我们讲道理来教育我们。

姜sir：小Q的想法就很好，我们现在就是法治社会，有严格的法律，但也很讲究教育，提倡提高全民素质。因为只有全民的综合素质提高了，才能实现中华民族伟大复兴的中国梦。

小Q：那道家怎么解释盲人打手电的事呢？

姜sir：道家就会说："你管那么多干吗，人家想打就打，不想打就不打，顺其自然喽。"

小Q：我怎么感觉和没说一样啊！

姜sir：道家讲究"无为"，认为这个世界上任何事物都有自身的规律，尽量不要直接干预和控制，让万物去建立属于自己的客观秩序。

小 Q：如果道家的思想放在我们家，就是不管我，让我自由发挥。用儒家的思想，就是教育我，改变我的内心思想，告诉我美好的未来。法家的思想就是严格地给我制订学习计划。

姜 sir：那你觉得哪个好？

小 Q：我觉得综合一下比较好。

姜 sir：当时不只有这三家。还有墨家、阴阳家、名家、杂家、农家、小说家、纵横家、兵家、医家等学派，也都有各自的思想主张和代表人物。

比如墨家，"兼爱"和"非攻"原则是墨家思想最重要的标志。墨家反对人们追求过度的享受和礼仪，从而保障更多人的生活。同时墨家很重视科学技术，我们甚至能在《墨经》中找到关于力学和光学的探讨。还有名家，是中国严谨逻辑思想的开创者，比如著名的"白马非马"就是来自名家的公孙龙。

小 Q：白马怎么能不是马呢？

老师：在公孙龙的观点里面，白马并不是马，而且他还从逻辑上证实了这种观点是对的。在公孙龙看来，白是颜色，马则是形态。也就是说，白马既有颜色，也有形态。而马只能代指一种形态。从概念区分上来看，白马与马不能画上等号，所以白马非马。

小Q：我怎么感觉有点儿偷换概念呢？

姜sir：马是一般概念，而白马则是马这个一般概念中相对来说的个别概念。公孙龙这是在用一般不等于个别的逻辑在辩论。

小Q：诸子百家太有趣了。

姜sir：时代是进步的，思想是进步的，百家争鸣是中国历史上第一次思想解放运动，对当时和后来都有着重要的影响。比如当时的人们为了传播思想，就非常擅长讲故事，这是为什么呢？我们下节见。

40 提意见为什么要先讲故事

各位同学，大家好，我就是那个人见人爱、花见花开、车见车爆胎的姜 sir。

大家好，我就是那个负责问问题的小 Q 同学。

姜 sir： 你觉得君王会不会一点儿错都不犯？

小 Q： 不可能啊，没有完美的人。

姜 sir： 这就叫金无足赤，人无完人。如果你是大臣，君王有做得不好的地方，你会直接指出他的缺点吗？

小 Q： 会，我记得前面就讲过有的大臣冒着被杀的风险也要去提意见。

姜 sir： 如果你提完意见被杀了，你觉得剩下的大臣还会继续提意见吗？

小 Q： 啊？我会被杀啊，我以为的剧情是我冒死提意见，然后君王就明白了,接下来我就被重用了。姜 sir,我们重新来一次。

姜 sir:好好,小 Q,你是大臣,会提意见吗?

小 Q:我想想,得先看看这君王什么性格再做决定。

姜 sir:通过小 Q 的这个态度变化,我们发现给君王提意见不是一件容易的事。而诸子百家,他们本身就希望各个国家的君王能接受自己的思想。可如果直接去讲,怕对方不太能接受,所以就要想一个方法。

小 Q:这能有什么办法?

姜 sir:有人就想出了办法,当时周景王立他的儿子为太子,准备让他继承王位,可后来周景王又特别喜欢另一个儿子,于是想换太子。

小 Q:啊?这么换来换去,肯定容易出事。

姜 sir:这俩儿子背后都有众多大臣支持,为了争太子的位子,斗争很激烈。并且周景王年龄很大了,一旦有一天去世,你猜这个国家会怎么样?

小 Q:肯定会打起来啊,周景王得赶紧做决定啊!

姜 sir:有一个大臣就想劝周景王赶紧做决定,免得以后出事,但又不能直接说。如果直接说:"大王,您年龄也不小了,万一哪天您出事了,这太子的事还没定下来,国家得动荡啊,您赶紧定下来吧。"你觉得周景王能接受吗?

小 Q：我要是周景王，我也不愿意听。

姜 sir：所以这个大臣就想了个办法，他找到周景王说："我今天在郊外看到一件怪事。"周景王很好奇，就问："什么事啊，讲给我听。""我看见一只公鸡把自己美丽的尾巴给啄断了，我就好奇地问了旁边的人，这公鸡为什么这么做啊。"

小 Q：为什么啊？

姜 sir：雄鸡啄断了自己的尾巴，就不会被当作祭品了，可以保住生命。

小 Q：为什么尾巴断了就不用被当祭品了？

姜 sir：古代用来祭天、祭神的动物有特殊的专有名字，叫"牺牲"，能做牺牲的动物要求毛羽完具，羽毛是不能少的。

小 Q：我明白了，这只公鸡把尾巴弄断，羽毛就不完整了，就不用当牺牲品了，命就保住了。可是这个故事和周景王有啥关系呢？

姜 sir：雄鸡做事情果断，立刻就去做。

小 Q：我明白了。大臣是想用这个故事告诉周景王得马上做决定，不能犹豫了。但为什么非得用啄断尾巴的情节呢？可以说雄鸡立刻就去吃虫子了。

姜 sir：这个断也有特殊的意思，是想让周景王马上做出决断，有个成语叫当机立断，指抓住时机，立刻做出决断。

小 Q：为了让周景王明白，这个大臣真是太用心了。

姜 sir：所以你看，这样比直接提意见好用多了吧！

小 Q：我突然想到了我妈妈。有时候为了让我明白一些道理，就会先给我说其他小朋友怎么样，怎么做的。

姜 sir：这种模式——用一个故事隐喻一个道理，就叫寓言，你还记得刻舟求剑吗？

小 Q：记得，说到战国的变法时你讲了这个故事。

姜 sir：诸子百家中的很多人都非常擅长讲故事，一方面希望君王能接受自己的建议，另一方面这种方式更容易让大家去理解自己的思想。我如果直接讲，小 Q，不要以为你读过一些历史故事，就觉得自己知道的历史知识特别多，历史上的知识远远超过你的想象，你知道得太少了，你愿意听吗？

小 Q：我还行，但不能保证所有人都爱听。

姜 sir：所以我不会直接说，而是给你讲一个井底之蛙的故事。一口井里住着一只青蛙。一天，青蛙碰上了一只从海里来的大龟。青蛙就对海龟说："你看，我住在这里多快乐。高兴了，就在井边跳一会儿；累了，就回到井里睡一会儿。我可以把全身泡在水里，也可以在泥巴上散步。那些虾和蝌蚪，谁都比不上我。整个井都是我的。"

那海龟听了青蛙的话，倒真想进去看看。但井太小了，根本进不去。它问青蛙："你看过海吗？海有多大，海有多深，你知道吗？无论天气怎么变，都影响不到大海。住在大海里，才是真的快乐呢。"井里的青蛙听了海龟的一番话，吃惊得再没有话可说了。

小 Q：我明白了，知识是学不完的，不要因为懂了一点点就沾沾自喜。

姜 sir：这就是讲故事的目的，所以当你有一天读到了春秋战国的寓言时，看懂什么更重要？

小 Q：看懂那个故事讲的道理。

姜 sir：《庄子·杂篇·寓言》以"寓言"二字开头，这是寓言名字的出处。"寓"是寄托的意思，"寓言"就是寄托之言。春秋战国产生了非常多的寓言，这些寓言作品集中在诸子散文里，为阐述不同流派的哲理和政治主张服务，也被称为"哲理寓言"。

比如《揠苗助长》《自相矛盾》《郑人买履》《守株待兔》《刻舟求剑》《画蛇添足》《讳疾忌医》《滥竽充数》《老马识途》《掩耳盗铃》《疑邻盗斧》，等等，数不胜数。这些都是劝谕或讽刺性质的简短故事，阐明一定道理，将直接说出来效果不好的话藏在其中。

小 Q：这么多经典故事啊。

姜 sir：先秦寓言有人物形象，有简单的故事情节，有个性化的对话，对后代小说的产生有启发意义。几乎所有的寓言，后来都被浓缩成了成语，成为日常用语，所以说先秦寓言是

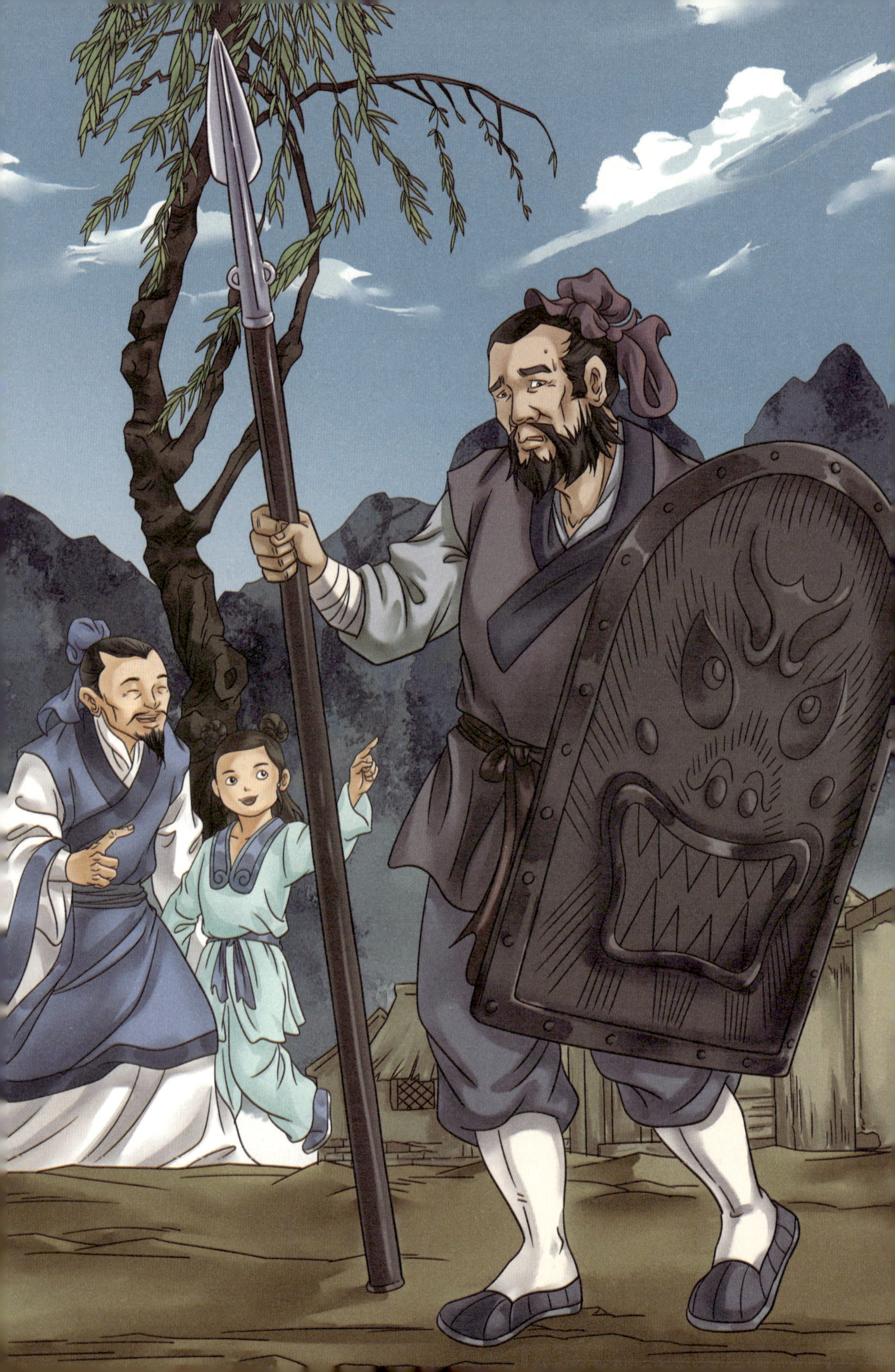

活着的中华文化。

　　但在当时，并不是所有君王都能接受意见、都能明白故事背后的道理。有一个著名的人物提了很多意见，却不被重视，最后跳江自杀了，他是谁呢？我们下节见。

41 屈原为什么跳江

各位同学,大家好,我就是那个人见人爱、花见花开、车见车爆胎的姜 sir。

大家好,我就是那个负责问问题的小 Q 同学。

姜 sir：你知道有一种食物每到特定的时间都会在网络上引起一场辩论吗？辩论内容是这种食物到底应该是甜的还是咸的？

小 Q：这个我听爸爸妈妈讨论过，是粽子。姜 sir 你爱吃哪一种？

姜 sir："吃货"不分南北，口味也不分甜咸，我都可以，好吃就行。那你知道粽子一般什么节日吃吗？

小 Q：端午节啊。学校还会放假的。

姜 sir：端午节是每年的什么时候呢？

小Q：啊？这个我就记不住了。

姜sir：中国有很多重要的传统节日，我们不仅要知道吃什么，还要知道具体的时间。

节日名称	节日时间	民间习俗
春节	农历正月初一	贴对联、洒扫除尘、吃饺子、拜年、守岁等
元宵节	农历正月十五	吃元宵、花灯会、舞狮、踩高跷等
清明节	公历4月5日左右	踏青、扫墓、植树、放风筝、吃青团、插柳、拔河等
端午节	农历五月初五	赛龙舟、吃粽子、挂艾草菖蒲、缠五彩绳等
七夕节	农历七月初七	祭拜鬼神、祈求姻缘、斗巧、结红头绳等
中秋节	农历八月十五	赏月、祭月、吃月饼、摆宴席、喝桂花酒、燃灯、花灯会、观潮等
重阳节	农历九月初九	登高秋游、佩戴茱萸、吃重阳糕、喝菊花酒等

小Q：那端午节的名字是怎么来的呢？

姜sir：端午节名字的来源就是它的时间，古人习惯把五月的前几天分别以"端"来称呼。五月初一为端一，初二为端二。

小Q：我知道了，五月初五就是端午。那为什么"五"要换成"午"呢？

姜sir：我们现在写的"端午"这个词最早是在晋朝出现的，一种说法是到了唐朝，唐玄宗八月初五出生，为了讨好皇帝，所以端午节要避开数字五。还有一种说法是根据太阳在天空中的位置。在端午节那天，太阳在最中间，尤其是中午，在最中心，所以也叫端午。那你知道端午节是为了纪念谁吗？

小Q：这个我知道，伟大的屈原。

姜sir：提到端午节，我们首先想到的就是屈原了。吃粽子、赛龙舟这些节日习俗也是为了纪念屈原，自古以来大家也都是这么认为的。但到底纪念谁其实一直存在争议，有人说，是纪念伍子胥的，还有的说是纪念东汉特别孝顺的女子曹娥。

小Q：您觉得是纪念谁的呢？

姜sir：我觉得无论是纪念谁，端午节的意义在于那是我们全体中国人共同的节日，那是我们亲朋好友团聚的日子，那代表了我们从古至今想去追求美好生活的愿望。就比如屈原，人们为什么愿意相信端午节和屈原有关，就是佩服他的爱国精神，觉得屈原就那么跳江死了，太可惜了。

小Q：屈原为什么跳江呢？

姜sir：屈原是楚国的贵族，可他生活的那个时代，楚国

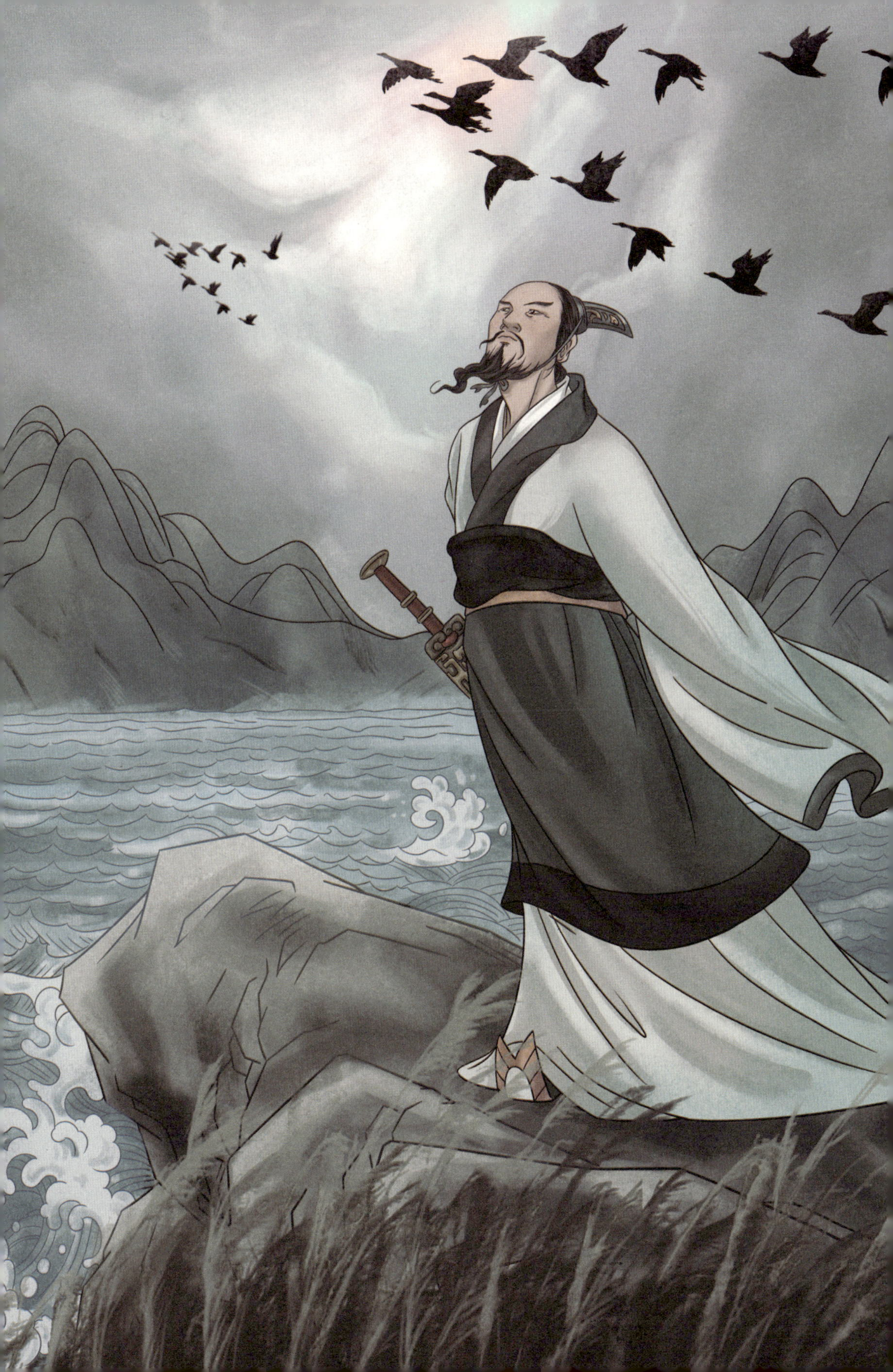

已经不是霸主了，也就是个二等国家的水平。你猜屈原想做什么？

小Q：变法，让楚国强大。

姜sir：屈原全心全力想推动变法，想要让楚国重新回到一等强国，但是……

小Q：我就不愿意听"但是"这俩字，一出现这俩字基本后面就没好事。

姜sir：但是楚国有一群坏大臣，他们特别嫉妒屈原的才华和能力，就天天跟楚怀王说屈原的坏话，打小报告。

小Q：他们能告什么呢？屈原又没做错什么。

姜sir：有个成语叫无中生有，把没有的说成有的。比如屈原要是少吃一顿饭，这群小人就会说："报告大王，屈原对于您不让变法很不满意，回家以后竟然不吃饭，还做出很不高兴的样子。"

小Q：这楚怀王也能信？

姜sir：我是举个例子，比这过分的多了。楚怀王昏庸啊，竟然信。不但信了，还不重用屈原了，什么事也都不问屈原了。

小Q：屈原不会这样就跳江了吧，这点儿打击不至于吧。

姜sir：屈原不会放弃的，就在这时候，秦国提出希望和楚怀王会面。屈原一听见这件事，赶紧去劝："秦，虎狼之国，不可信，不如无行！"意思是不能去啊，去了可就回不来啊。

但楚怀王最终没有听屈原的话,去了秦国,结果被秦国当场扣下,最终死在了秦国。

　　小 Q:这下楚国的人知道屈原有能力了吧,可以重用他了吧?

　　姜 sir:楚怀王的大儿子即位,继续听那群坏大臣的话,直接把屈原流放到一个特别偏僻的地方——别回来了,就在那儿待着吧——这一待就是九年啊!

　　小 Q:太不公平了,凭什么啊!

　　姜 sir:屈原一路走着,走着,看到老百姓生活的悲惨,自己却改变不了什么,非常难受。写下了"举世皆浊我独清,众人皆醉我独醒"。

　　小 Q:这句我听过,意思就是天下都是混浊的,像泥塘一样,只有我清澈透明,世人都迷醉了唯独我清醒。你们不懂我啊!

　　姜 sir:就在这个时候,屈原听到了一个震惊的消息,秦国攻下了楚国的首都。在屈原的眼里,这就意味着国家被灭了。

　　小 Q:我听着挺解气的,谁让你们不重用屈原的,非用那些坏人不可。

　　姜 sir:在屈原眼中,那是他最爱的祖国啊,屈原站在汨罗江边,想着自己不被重用,想着祖国被攻占了,于是决然地跳了下去。

小 Q：好难受啊。他跳下去的时候一定是流着眼泪的。

姜 sir：传说当地百姓得知消息后，纷纷划船来追赶屈原，阻止他的自杀行为，但还是没能来得及。划龙舟这个风俗也就因此而起。这就是伟大的爱国诗人——屈原，他留给我们的不仅仅是爱国的精神，还有经典的文学作品。是什么文学作品呢？我们下节见。

42 风加骚等于文学

各位同学，大家好，我就是那个人见人爱、花见花开、车见车爆胎的姜 sir。

大家好，我就是那个负责问问题的小 Q 同学。

姜 sir：小 Q，你会背诗歌吗？

小 Q：小白兔，白又白，两只耳朵竖起来。

姜 sir：你背的儿歌也算是儿童诗的一种。你会背古诗吗？

小 Q：鹅鹅鹅，曲项向天歌。白毛浮绿水，红掌拨清波。

姜 sir：那你知道最早的诗歌是怎么来的吗？

小 Q：当然是诗人写出来的了，只不过是哪个诗人我就不知道了，肯定很远了。

姜 sir：这个诗人的名字叫劳动者，劳动者在干活儿的时候，一边工作，一边唱歌，尤其是需要很多人一起干的活儿，他们会常常喊起劳动号子，比如遇见下雨了，要小心路滑，就会有人领头喊"天上点点滴，脚板要抓紧"，接下来大家就会一起喊"地下湿滑滑，腰杆要挺起"，这样就能统一动作，还能调节呼吸，感觉没那么累。

小Q：还真的有点儿诗歌的感觉，这个和我们学校拔河喊口号有点儿像，我们喊的是"一班必胜，一班必胜"，在喊到"必"这个字的时候，大家一起用力。

姜sir：当然，这只是诗歌由来的一种说法，但我们有了诗歌该怎么慢慢传下来呢？于是就有了一本重要的书，叫作《诗经》，这是我国最早的一部诗歌总集，是中国古代诗歌的光辉起点。

小Q：那《诗经》里一共有多少首诗歌啊？

姜sir：我有一天收作文，收上来305篇有题目、有内容的完整作文，但有6篇只写了作文题目，内容一个字没有，你说姜sir收上来多少篇？

小Q：305+6=311。但那6篇没啥太大意义啊，就有个题目。

姜sir：那6篇没内容有题目的被称为笙诗，后人将这311篇诗歌统称为"诗三百"。

小Q：那里面都写了什么内容啊？

姜sir：其实古代的很多诗本身就是用来唱的，所以我们称作诗歌，可以简单地理解为诗很多时候就是歌词。你会唱歌吗？

小Q：当然会了。太阳当空照，花儿对我笑……

姜sir：那你说音乐分不分类型、风格呢？

小Q：当然分。有流行音乐、摇滚音乐、儿歌，还有民俗唱法，等等。

姜sir：所以《诗经》也分成三类：风、雅、颂。风多数是民歌，老百姓平时唱的，有很多爱情类的，内容也很容易理解，也是《诗经》里面数量最多的。雅多数是贵族在一些正式场合唱的，风格就偏正式一点。颂就是祭神、祭祖的时候唱的，要跳舞给上天看，很多是舞曲，节奏比较舒缓。

小Q：我大概知道风、雅、颂的基本区别了。

姜sir：我们已经知道了《诗经》内容的分类，那这些内容得去创作啊，创作得有方法啊。写作文还讲究写作方法呢，于是就有了赋、比、兴。赋就是直接表达情感，例如姜sir你唱得太好听了。比就是比喻，例如姜sir的歌声好似山谷中黄鹂的鸣叫，婉转动听，让人沉醉其中。兴就是先聊别的，然后引出我想说的，比如下雨了，雨滴纷纷而下，听雨的声音一滴滴，一滴滴，姜sir美妙的歌声洗涤了我的心灵。

小Q：赋、比、兴是这样啊，我懂了。

姜sir：我们来看一些《诗经》里的名句。

1 他山之石，可以攻玉。

译 别的山上的石头，能够用来琢磨玉器。原比喻别国的贤才可为本国效力，后比喻能帮助自己改正缺点的人或意见。

2 一日不见，如三秋兮。

译 一日不见你，如同隔了三秋那么久啊！用这种夸张之词形容对友人的殷切思念。

3 桃之夭夭，灼灼其华。

译 桃花怒放千万朵，色彩鲜艳红似火。

4 关关雎鸠，在河之洲。窈窕淑女，君子好逑。

译 关关和鸣的雎鸠，栖息在河中的小洲。贤良美好的女子，是君子好的配偶。

5 死生契阔，与子成说。执子之手，与子偕老。

译 无论生死我们都要在一起，这是我们当初早已说好的约定。拉着你的手，和你一起老去。

6 青青子衿，悠悠我心。

译 你那青青的衣领啊，深深萦绕在我的心里。对心目中的追求表达出非常的向往。

7 投我以桃，报之以李。

译 他把桃子送给我，我以李子回赠他。简称投桃报李，寓意是要知恩图报；也比喻相互赠答，礼尚往来。

8 蒹葭苍苍，白露为霜。所谓伊人，在水一方。

译 大片的芦苇密又繁，清晨的露水变成霜。我所怀念的心上人啊，就站在对岸河边上。

小Q：《诗经》里的诗句太好听了。

姜sir：说完了《诗经》，就得提到和《诗经》一样名气大的《楚辞》了，而《楚辞》就和我们上节说的屈原有关。

小Q：难道是屈原写的？

姜sir：《楚辞》和屈原有关，但不能说《楚辞》的作者是屈原。"楚辞"是一种诗歌的形式，是屈原把南方民歌用楚国方言创作出来的，但后来不是只有屈原一个人用这种形式，到了汉朝，有人把大家的作品收集起来，书名就叫《楚辞》。

小Q：我明白了，并不都是屈原写的，但屈原在《楚辞》里非常非常重要，对吧？

姜sir：是的，《楚辞》里最棒的作品，里面绝对的第一名《离骚》就是屈原写的，后人把《楚辞》也简称为"骚"。小Q，你还记得《诗经》里面哪部分内容数量最多吗？

小Q：风，就是民歌部分。

姜sir：所以"风"就代表了《诗经》，"骚"就代表了《楚辞》，后人把这两个字加在一起就代表了文学，也就是风骚。比如毛主席写的："惜秦皇汉武，略输文采；唐宗宋祖，稍逊风骚。"

小Q：《诗经》和《楚辞》合起来能代表文学，就这一句，这两本书就太厉害了。

姜sir：欣赏完《诗经》的美，我们再来感受一下《楚辞》里的名句。

1 惟草木之零落兮，恐美人之迟暮。

译 想到草木不断飘零凋落，担心美人也会日益衰老。

2 长太息以掩涕兮，哀民生之多艰。

译 长长地叹息而掩面拭泪，哀叹人生道路多么艰难。

3 亦余心之所善兮，虽九死其犹未悔。

译 我真心追求修身洁行，即使死多次也不会后悔。

4 路漫漫其修远兮，吾将上下而求索。

译 道路又远又长无边无际，但我仍将继续探索真理。

5 固人命兮有当，孰离合兮可为？

译 人的寿命本来就各有长短，谁又能奈何得了死生离合？

小Q：感觉《诗经》和《楚辞》想表达的情感不太一样。

姜sir：《楚辞》多数都是文人所作，多为抒情言志，像屈原的《离骚》，司马迁就说"离骚者，犹离忧也"。意思是屈原遭逐之后，苦闷之情的表述。而《诗经》的特点就在于它的平淡、自然与写实。所以《诗经》代表现实主义，《楚辞》代表浪漫主义。

小Q：春秋战国这段历史实在是太丰富了。

姜sir：春秋战国时期，不仅仅有战争，有大国争霸，还有诸子百家，有寓言，有《诗经》《楚辞》。接下来，这段历史时期也要进入最后的冲刺期了，谁能够脱颖而出呢？我们下节见。

43　7晋1的淘汰赛

各位同学，大家好，我就是那个人见人爱、花见花开、车见车爆胎的姜 sir。

大家好，我就是那个负责问问题的小 Q 同学。

姜 sir：秦国在商鞅变法后越来越强大，在秦始皇爷爷的爸爸当君王的时候，齐、楚、赵这些强国都遭到了秦国不同程度上的打击。等到秦王嬴政，也就是我们熟知的秦始皇当君王的时候，秦国的综合国力已经远超其他六国了，这时候就差一步了。

小 Q：是不是要统一天下了？

姜 sir：是的，秦国制定了"灭诸侯，成帝业，为天下一统"的策略。小 Q，军队交给你了，你会怎么办，先打谁？

小 Q：我都这么强了，谁挨着我近，我打谁啊。

姜 sir：你不怕他们六个合起来一起打你吗？那时候你可不一定能赢。

小 Q：好像得讲究点儿方法啥的。

姜 sir：这个时候诸子百家里的纵横家就出现了。纵横家里分两派，一派是"合纵大家"代表人物苏秦，他的观点就是拼，我们得拼在一起才能打赢秦国。另一派是连横派，代表人物张仪，他的观点就是拆，对面的只要拼，我就拆。

小 Q：这两派好有意思，一派摆积木，另一派想办法推了。

姜 sir：小 Q，你觉得是拼容易，还是拆容易？

小 Q：以我多年摆积木的经验，刚开始拼容易，但后来拆容易。

姜 sir：其实六国刚开始也想团结一下，但这么多年了，各自之间也没少打仗，多少有点儿私仇，很难真正地团结到一起，经常是雷声大雨点小，声势浩大地来了："我们要灭了秦国。"有时还没开打就宣告结束，秦国只要稍微放低姿态："对不起，对不起，我不该抢你们的土地，还你们点儿土地。"各国就心满意足地回家了，这时候人家秦国又和你说一些好话："哎呀，咱俩关系多好啊。我打他，你别帮他，等打下来，我分你土地。好不好？"

小 Q：会有国家相信秦国的话吗？

姜 sir：会的，这就叫远交近攻，拉拢距离远的国家，进攻邻近的国家,具体的措施是笼络燕齐,稳住魏楚,消灭韩赵。

小Q:那有没有可能大家发现秦国太强大了,就不信秦国的话了?

姜sir:各国的几次联合,其实秦国也很紧张,有好几次差点儿就打进秦国了,但秦国抓住了各国不团结的特点,就瞄准一个国家狠狠地揍。有一次,秦国突然袭击楚国的军队,把楚国一顿揍,楚国一看:"凭啥啊,这么多国家,为啥就揍我一个啊。我不打了,我回家了,我不和你们玩了。"然后大家就散了,只要你们六国不联合起来,秦就一个一个灭掉,最后只用了10年的时间灭了六国,结束了自春秋以来长达500多年的诸侯纷争的局面,建立了秦朝。

小Q:团结是多么重要啊。

姜sir:让我们来感受一下,秦国一个一个灭掉六国,统一天下的节奏,首先要灭掉实力最强的赵国,但打了几次没打下来,那就先灭掉韩国吧。韩国内部有人主动投降,秦国就命令这个人带兵去打韩国,因为是自己人,太熟悉了,很轻松就灭掉了韩国。就在这个时候,赵国发生了大地震,同时庄稼几乎没有收成,大灾荒啊,趁此机会,灭掉了赵国。

小Q:这俩国家感觉都有点儿倒霉啊。

姜sir:接下来用了水攻的方式,大水淹了魏国的都城,魏国被灭掉,这个曾经在战国前期最先变法、最强大的国家

秦

赵
魏
韩
燕
齐
楚

就这样结束了。接下来最难打的就是楚国，楚国可以说是秦军最难啃的一块骨头。

小Q：为什么楚国最难打啊，前面不还揍了一顿楚国军队吗？

姜sir：军队是军队，但现在要灭国啊。秦国第一次出兵灭楚，20万大军几乎全军覆没。这是秦灭六国中败得最惨的一次。

小Q：楚国这么强大？

姜sir：从春秋到战国的数百年时间里，几乎没有任何一国想过彻底灭掉楚国。你还记得屈原自杀和楚国首都被攻破有关吗？

小Q：记得啊，我刚才还在想，楚国首都不是被打下来了吗，应该灭国了啊。

姜sir：楚国虽然失去了国都，却依然屹立不倒。它是一个比较厉害的诸侯国。

小Q：为什么楚国这么特殊？

姜sir：首先，地盘大。楚国拥有大半个长江流域，并且军队数量多，同时楚国之所以难以被灭，跟楚国一直以来盛行的分封制有关。灭掉其他国家，只需要把首都灭掉就可以了，但楚国不行，楚国内部有很多贵族，都占据一方，并且拥有很大的权力，所以秦国想灭掉楚国，得一家一家地灭掉这些人。

小Q：想想都麻烦，这一下工作量就大了。

姜sir：所以历史上秦灭六国的战争中，楚国的抵抗力度最强，秦国出动了全国的军队进行征讨。最难打的打下来了，接下来就是燕国和齐国了，可没想到燕国竟然不走寻常路，派人去刺杀秦王。是谁呢？能不能成功？我们下节见。

44 刺杀管用吗？

各位同学，大家好，我就是那个人见人爱、花见花开、车见车爆胎的姜 sir。

大家好，我就是那个负责问问题的小 Q 同学。

姜 sir："风萧萧兮易水寒，壮士一去兮不复还。"唉，唉，唉！

小 Q：姜 sir，你怎么了，在感慨什么呢？

姜 sir：上节我们说到燕国不走寻常路，是因为燕国决定派人刺杀秦王。

小 Q：啊？秦王身边肯定有很多人保护啊，怎么可能让你刺杀成功呢？

姜 sir：这就是历史上著名的荆轲刺秦王。当时燕国的太子丹知道打不过秦国，他就四处去找能刺杀秦王的人。终于找到了一个很有本领的勇士，名叫荆轲，但怎么才能靠近秦王呢？小Q，你有办法吗？

小Q：敲门，就说找秦王有事商量。

姜sir：秦王怎么可能见你，荆轲对太子丹说："我需要两样东西，这两样东西是秦王最想要的，你能不能给我？"

小Q：别说两样，就是200样，能救国家，我也给。

姜sir：第一样，土地，燕国最好的土地送给秦国。

小Q：国家都快没了，这点儿地算什么，给了。可是，土地怎么送过去啊，总不能扛着几袋子土吧？

姜sir：就是把地图献给秦王，意思就是我们主动送你了，不用打了。但只有土地还不够，小Q，假如我和你要另一样东西，你也会给吗？

小Q：都说了，什么都给，要什么给什么。

姜sir：那就把脑袋给我吧？

小Q：什么？什么？脑袋，那我不就没命了吗？

姜sir：这个人头就是樊将军的头，秦王一直都想杀了这个樊将军，悬赏很多钱要他的头。这个将军原本是秦国的，后来打了败仗，怕秦国惩罚他，便逃到了燕国，他逃走之后，家人就被秦王杀了，所以秦王恨他，他也恨秦王，于是荆轲要拿他的头去见秦王。

小Q：但如果头没了，生命就结束了。

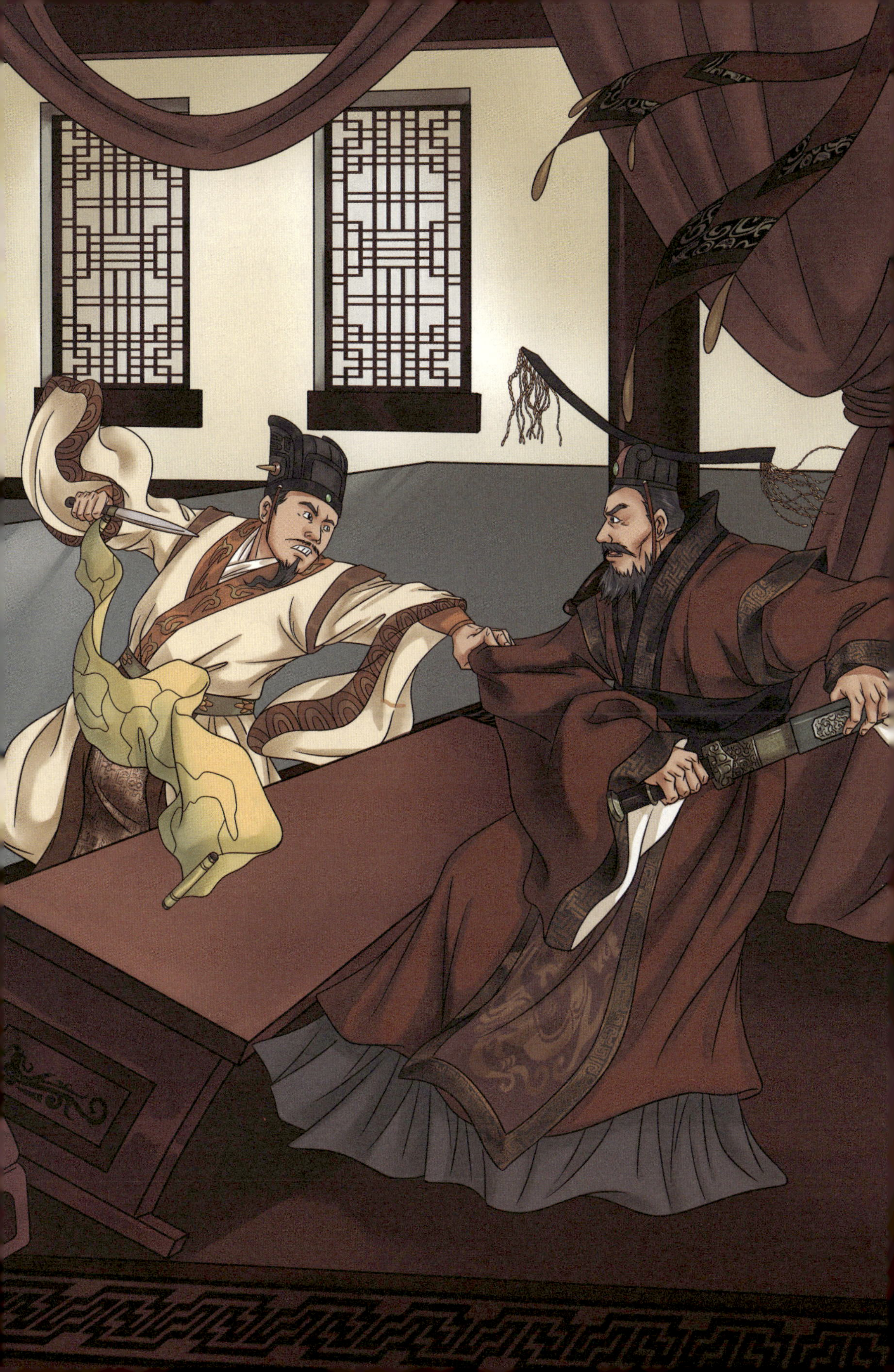

姜 sir：荆轲对樊将军说："我决定去刺杀秦王，怕的就是见不到秦王的面。现在秦王正在悬赏通缉你，如果我能够带着你的头献给他，他准能接见我。"樊将军说："好，你拿去吧！"说着，就拔出宝剑，抹脖子自杀了。

小 Q：天啊，这为了刺杀秦王，真是拼了，命都不要了。

姜 sir：这两样准备好了，得准备武器啊，你不能拿个指甲刀吧，所以准备了一把匕首，特别锋利，上面还涂上了毒药，碰上就会马上死。

小 Q：天啊，我开始有点儿为秦王担心了。

姜 sir：公元前 227 年，荆轲要出发了。太子丹和一些大臣到易水边送别。临走的时候，荆轲说："风萧萧兮易水寒，壮士一去兮不复还。"意思是风声萧萧好像在哭啊，易水彻骨寒冷，壮士这一离去啊，就永远不再回还！

小 Q：对啊，无论能不能刺杀成功，荆轲都不可能活着回来了。这就是敢死队员。

姜 sir：荆轲到了咸阳，秦王一听燕国派使者把樊将军的头和地图都送来了，十分高兴，准备接见荆轲。在那威严的宫殿里，胆小的人都容易被吓得说不出话，荆轲的助手就害怕了。秦王身边的人一看，大喊一声，说："使者怎么变了脸色？"

小 Q：完了，露馅了。

姜sir：荆轲回头一瞧，果然见助手的脸又青又白，就赔笑对秦王说："没见过世面的人，从来没见过大王这般的威严，免不了有点儿害怕，请大王原谅。"秦王也就没放在心上，说："你一个人把地图和人头都送上来吧。"

秦王打开木盒，果然是人头，又叫荆轲拿地图来。荆轲把地图慢慢打开，到地图全都打开时，匕首就藏在地图里面，秦王一见，惊得跳了起来。荆轲连忙抓起匕首，左手拉住秦王的袖子，右手把匕首向秦王胸口直扎过去。秦王使劲儿地向后一转身，把那只袖子弄断了没被刺中，荆轲拿着匕首追了上来，秦王一见跑不了，就绕着朝堂上的大铜柱子跑，荆轲就追，感觉就像在玩丢手绢的游戏，一直在转圈。

小Q：大臣们呢？士兵们呢？

姜sir：事情发生得太突然了，大臣都不知道该干什么，就看着眼前两个人转圈圈，同时士兵没有秦王的命令，是不能进屋子里的，于是两个人就这样继续转圈圈。

小Q：怎么感觉一场激动的刺杀行动，变成跑步比赛了。

姜sir：这个时候有大臣反应过来了，就喊："大王负剑于背。"秦王才想起来："哎呀，我有武器啊。"于是，拔剑砍断了荆轲的左腿。就在这个时候，荆轲把匕首瞄准了秦王，扔了出去，但匕首被秦王躲过去了，没有伤到秦王。这个时候，荆轲躺在地上，知道自己死定了，说："我其实可以杀了你的，但我最初是想把你绑架了,好回报燕国。"最后荆轲被杀了。

荆轲刺秦王虽然失败了,但他的侠肝义胆、英勇抗暴的精神却为后来的人们所佩服,他那不怕死的形象不断出现在后世的很多作品中。司马迁的《史记·刺客列传》也有所记载。

小Q:《史记·刺客列传》只记载了荆轲刺秦王吗?

姜sir:战国四大刺客专诸、聂政、豫让、荆轲都被《史记·刺客列传》所记载,其中包括鱼腹藏剑的故事。

当时吴王夷昧死后僚自立为吴王,姬光心中不服,决定刺杀僚,这个任务交给了专诸。吴王僚爱吃鱼,姬光把僚请到了府上,让专诸献上煮好的鱼,专诸早已把锋利的鱼肠剑藏在鱼身内,接近吴王僚的时候抽出鱼肠剑用力刺向僚,僚当场毙命,专诸也被乱剑砍死。

小Q:刺客真是不怕死啊。

姜sir:李白的《侠客行》一诗中鲜明地刻画了刺客这一神秘职业的特色:"十步杀一人,千里不留行。事了拂衣去,深藏身与名。"四人虽为刺客,但他们并非为了个人私利,而是为了行侠仗义,虽然四大刺客的刺杀计划并未全部成功,但他们的刺杀事件都对历史进程产生了重大影响。专诸刺杀吴王僚成功,使吴国王位易主;聂政刺杀韩相,侠义之名流传千年;豫让为主复仇,"士为知己者死"的献身精神成为千古绝唱;荆轲刺秦王虽然失败,但那一句"风萧萧兮易水寒,壮士一去兮不复还"成为千古名句！他们的行为和精神也令后人敬佩。

秦也要马上完成统一天下的大事了，为什么秦能够在500多年的春秋战国争霸赛中夺得第一名呢？我们下节见。

45 为什么是秦国夺冠

  各位同学，大家好，我就是那个人见人爱、花见花开、车见车爆胎的姜 sir。

  大家好，我就是那个负责问问题的小 Q 同学。

  姜 sir：战国时代相互打打杀杀三百年，七国选手一个一个登场，最终，实力最强大的秦国击败了六国，夺得天下。而秦国的胜出，实在是出人意料，谁也没想到起初最弱小，被人瞧不起的秦国能统一天下。小 Q，你觉得秦国为什么能最终夺冠呢？

  小 Q：别的我不知道，反正我发现人才太重要了。

  姜 sir：你知道宰相这个官职吗？

  小 Q：听说过，宰相几乎就是大臣里级别最高的了。

  姜 sir：我给你念一份秦国宰相级别的官员名单，这些人都对秦国做出了巨大的贡献，看看你能不能找到什么规律：百里奚——楚国人，商鞅——卫国人，吕不韦——卫国人，李斯——楚国人。

小Q： 他们都不是秦国人啊？

姜sir： 一般来说，宰相这么高级别的官都让本国人担任，而秦国却放心大胆地用其他国家的人，这就是对人才的重视。秦国每一代君王都去其他各个国家寻找优秀的人才，这些人来到秦国后，不仅仅是给钱、给官，更重要的是相信他们，让他们放开手脚帮助君王治理国家。

小Q： 如果是我，我也愿意去秦国。

姜sir： 同时秦国的成功最离不开的肯定是商鞅变法了，商鞅变法最成功的就是以军功爵位制取代了世袭爵位制，不再看谁爷爷是贵族，谁爸爸是贵族。而看谁能上场打胜仗。

小Q： 姜sir，我觉得这样最公平了，人和人生下来就应该是平等的。

姜sir： 这个制度让大家看到了希望，士兵都拼命地训练，使得秦国迅速拥有了一支强大的军队。

小Q： 我要是在那个时代，我也要去参军打仗。

姜sir： 还有就是秦国的位置，秦国处于所有诸侯国的最西面，紧挨着游牧民族，要时时刻刻小心被游牧民族侵略。

小Q： 这位置有啥好的啊，多危险啊？

姜sir： 如果你想提高你跑步的速度，你一个人单独训练

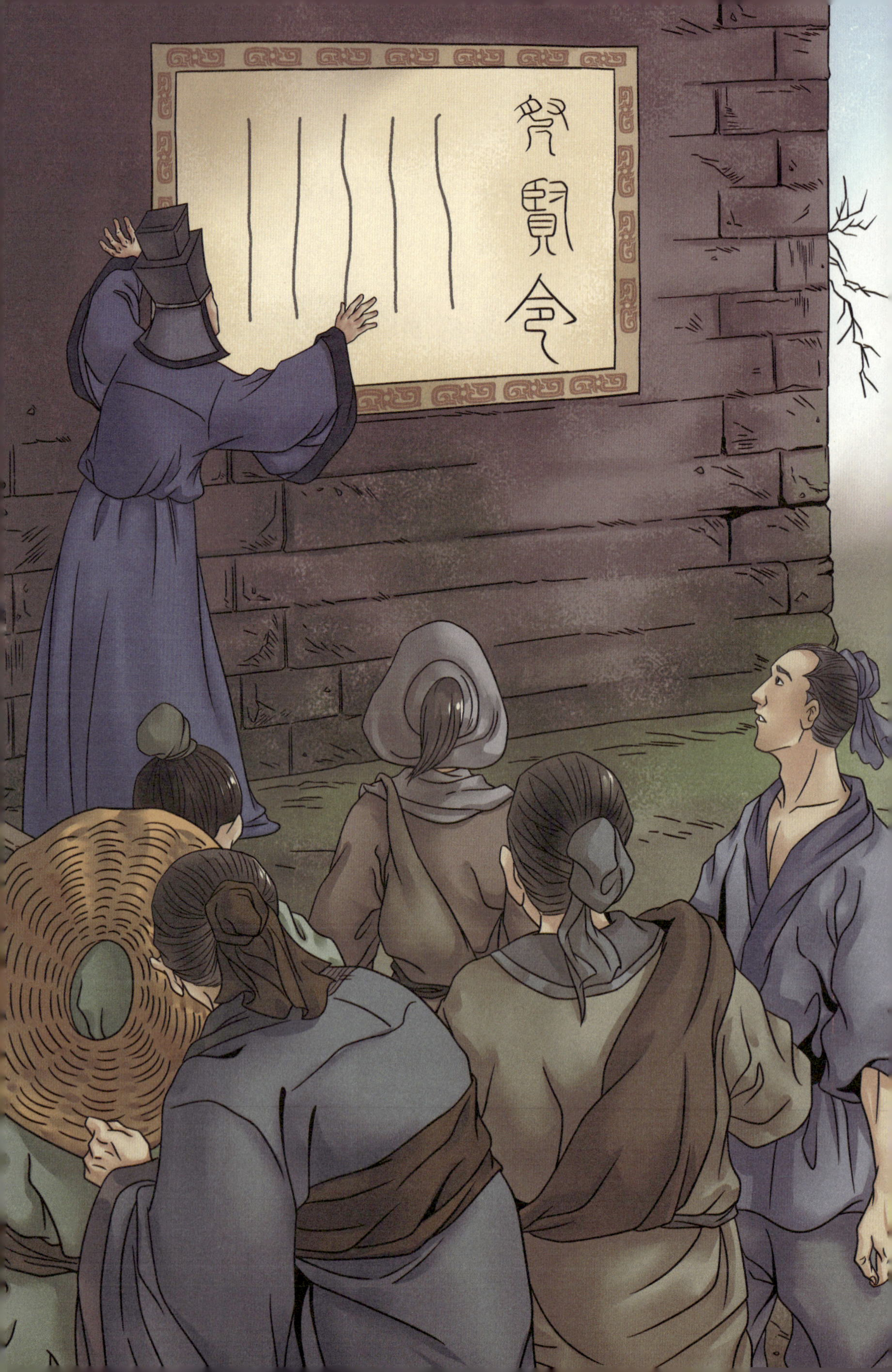
求賢令

和后面有条狼追着你训练，哪个训练效果好？

小Q：我承认狼追着我效果好，但也太危险了。

姜sir：秦国人没办法选啊，就挨着少数民族啊，所以秦国人危机意识特别强，从小就学习战斗技能。你说秦国军队战斗力能不强嘛。

小Q：看来太舒适的生活并不一定有利于成长、发展。

姜sir：还有就是得有好的领导啊，一个接一个的秦王太重要了。

小Q：姜sir，我看夫差和勾践那段的时候，觉得夫差太自大了。君王这个位子对一个国家影响太大了。

姜sir：在古代，君王对国家的影响是最大的，没有一个好君王，再强的大臣也不会被重用，再强的军队也得打败仗。自秦献公即位到秦始皇统一六国，142年间，秦国一共八代君主，除了两个死得早，剩下六代几乎各个优秀，没有昏庸的，都做了好事，也都为秦国强大而努力。

小Q：你觉得什么叫明君，也就是好的统治者呢？

姜sir：我觉得不一定要做什么大事，但起码没有重大的失误或错误决定。而秦国的这些君王都做到了，所以秦国的夺冠不是秦始皇一个人的事，而是一代代秦国君臣的努力，最终统一了天下，结束了战国几百年的混乱。

小Q：姜sir，战国还是属于周朝的啊，周天子呢？

姜sir：这个问题问得太棒了，我们都在关注那7个霸主怎么争来争去，但别忘了，名义上还是属于周朝的。说到周，连我们都不关注了，别说当时的诸侯了，手底下算上老百姓，也就还能管3万多人。

小Q：还没有一支军队人多呢。

姜sir：别看人家人少，还是有想法的。楚国想打击一下秦国，派使者请周天子，号令各国一起进攻秦国。

小Q：哪儿有人听他的啊，自己应该知道自己什么地位，不会同意了吧。

姜sir：周天子同意了，还特别开心，终于有人拿我周天子当回事了。他还组织了五六千人的军队，穷得连武器都是借的。楚国和燕国也派了点儿军队，其他各国都没搭理他，一共凑了几万人，而对面秦国有几十万。

小Q：那也就是几分钟就得被人家打败吧。

姜sir：几分钟都没用了，自己撤退了。最有意思的就是回去后，你是借钱打的仗，你得还啊，要钱的人排成了队，堂堂周天子没钱还，几乎躲到了房顶。

后来秦军打过来了，大臣就劝他，主动投降吧，秦国统一天下是早晚的事。最后周天子主动去秦军军营投降，在公元前256年，随着最后一个周天子去世，791年的周朝走向终结。

一个时代结束了，在即将进入秦朝之前，我们不如一起穿越到周朝吃一顿美食吧。周朝人都吃什么呢？我们下节见。

46 舌尖上的周朝

各位同学,大家好,我就是那个人见人爱、花见花开、车见车爆胎的姜 sir。

大家好,我就是那个负责问问题的小 Q 同学。

姜 sir:春秋战国时期,各个诸侯国经常会谈判,商量一些事情,那肯定离不开吃吃喝喝啊。那他们的饭桌上有哪些美食呢?今天我就来揭秘一下。

小 Q:不会又是天子、贵族、老百姓吃的不一样吧?

姜 sir:《诗经》中写道:"普天之下,莫非王土;率土之滨,莫非王臣。"到了周朝,几乎所有的诸侯都是周的部下,是被周天子分封的诸侯。

周朝的分封有森严的等级制度,传统的说法由高到低有公、侯、伯、子、男五爵。《孟子》中有相关的记载:"天子一位,公一位，侯一位，伯一位，子、男同一位，凡五等也。"不同的头衔意味着不同的实力，也就是不同的土地与人口，还有地理位置的优劣。

周朝的等级制度严格到生活上每一个细节，甚至于人去世都要用不同的词，天子死曰"崩"，诸侯死曰"薨"，大夫曰"卒"，士曰"不禄"，庶民曰"死"。同样，吃饭也一样有着等级制度，我们在博物馆经常看到的鼎就是重要的标志。鼎的数目代表等级地位的高低，老百姓是不能用鼎的。

小Q：就是你5个，我4个。我就比你地位低呗。

姜sir：可以这么理解，但古人不会出现2、4、6、8。鼎都是奇数，以3、5、7、9出现。

小Q：这怎么还出现数学规律题了？

姜sir：古人认为奇数代表阳，阳代表吉利，所以都用奇数来分鼎。

小Q：我的天啊，这么多讲究。

姜sir：在那个时候，数学不好没法吃饭，比如和鼎一起出现的，叫簋（guǐ），这个餐具要比鼎的数量减1，鼎是9，簋就是8；鼎是7，簋就是6。

小Q：摆餐具真是个考验智力和记忆力的工作。

姜sir：我们还是说点儿不用算数的美食吧，让我们感受几千年前周朝的顶级美食。第一道美食叫淳熬，"淳"就是浇

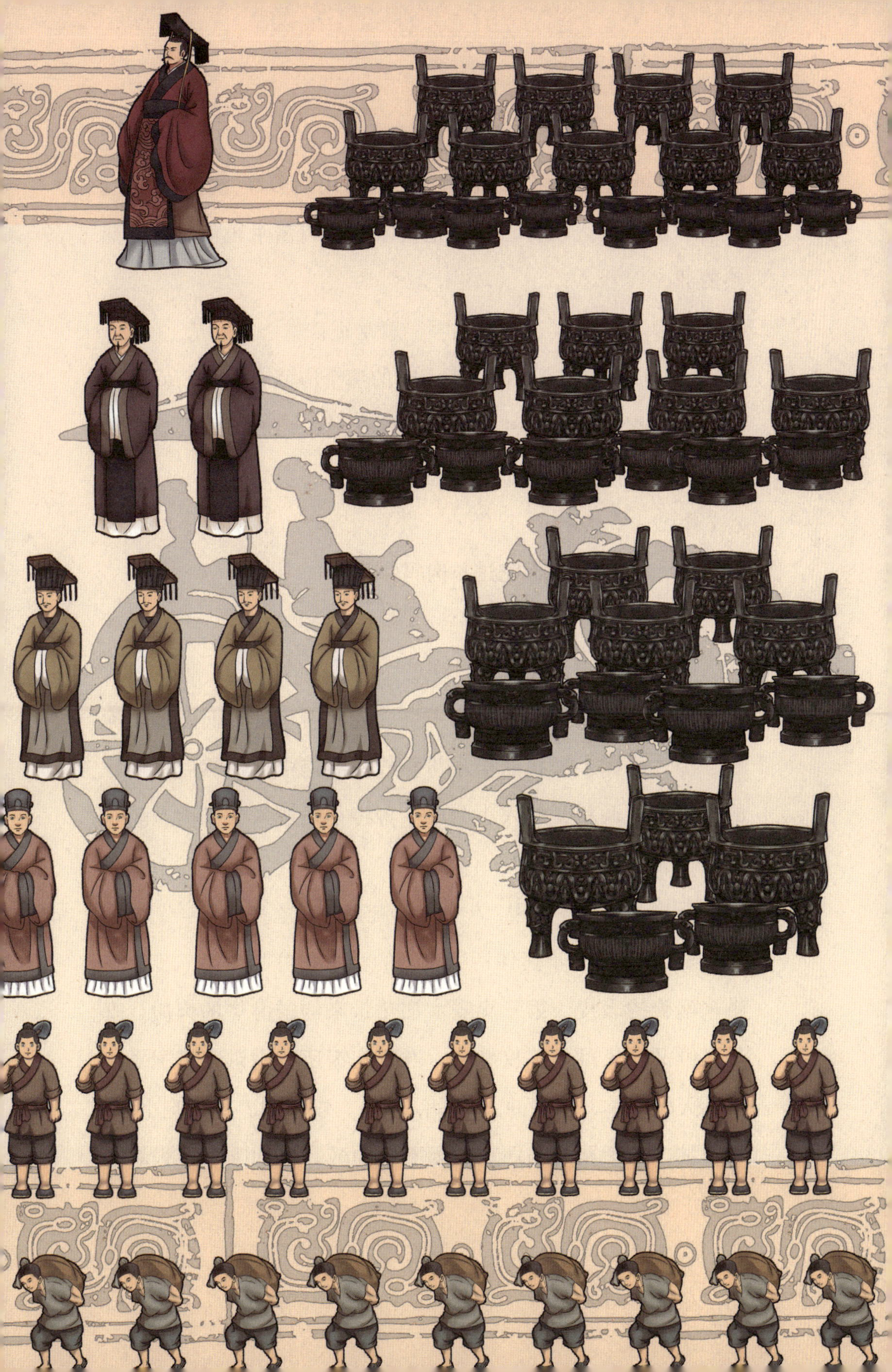

灌,"熬"就是用油煎。意思就是把肉酱用油煎好,浇到米饭上。最后一步叫沃之以膏,意思是在米饭和肉酱上再浇上一勺热热的油。

小Q: 姜sir,这我吃过啊,就是很像盖浇饭。

姜sir: 有点类似,但周天子吃的那个肉酱有鱼酱、鱼子酱、兔酱、猪肉酱等120种。想想那种味道,油的热香混上热腾腾的米饭,再加上鲜甜的肉酱。

小Q: 真香啊。

姜sir: 小Q,你吃过羊肉吗?

小Q: 羊肉串、羊肉馅儿饺子这些我都吃过。

姜sir: 这道菜你肯定没吃过,将小羊的肚子里装入大枣,外面裹上一层泥,放在大火中烧。烧完后,把外面的那层泥巴去掉,再抹上糊状的稻米粉,放在油锅中煎;然后将煎好的羊肉放入调料,放入小鼎中;再将小鼎放入大鼎内,隔水加热三天三夜。

小Q: 这么复杂啊,但感觉一定很好吃。

姜sir: 第一步烤保留了食物的汁水和鲜味,第二步油炸带来酥脆的表皮,第三步隔水加热带来鲜嫩酥烂的肉质,真是又鲜又嫩又酥。不仅好吃,当时吃饭还特别讲究搭配,比如春天吃小羊,用牛油。冬天吃鲜鱼,以羊油。秋天吃小牛,用猪油。吃不同的东西还要配不同的酱,比如吃煮得很烂的肉就要配鱼酱，吃肉干就配兔酱，吃鸡肉盖饭就配蜗牛酱。

小Q：这吃饭太需要记忆力了，否则这些搭配都记不住。

姜sir：并且当时的人们很会养生的，春多酸，夏多苦，秋多辣，冬多咸。

小Q：佩服，中国美食真是太厉害了。

姜sir：还有一道你吃过的，看你能不能猜出来？选取动物身上的肉，翻来覆去地捶打，捶至稀烂，去掉筋，烧熟之后，吃的时候用肉酱配着吃。

小Q：没吃过啊。

姜sir：如果接着刚才的那些步骤，最后揉成个球呢？

小Q：和我吃过的肉丸子就很像了。

姜sir：还有把新鲜牛肉切成薄片用美酒浸泡，第二天早上再加上各种调料，像是生腌牛肉。

小Q：要是有周朝美食一条街，我太想回去尝尝了。

姜sir：好吃的太多了，但也有人因为一口吃的输了一场战争。当时郑国和宋国开战，马上要打仗了，得让士兵们好好吃一顿啊，这叫战前动员会。宋国的将军亲自给将士们发羊肉汤，告诉大家："吃饱了喝足了，我们冲上去，杀他个片甲不留。"可他偏偏没给为自己驾车的御夫，也就是司机发羊肉汤。

小Q：为什么都给了，就没给他啊，也不差那点儿羊汤啊。

姜 sir：后人推断可能是这个司机的名字有羊的意思，宋国的将军觉得羊喝了羊汤，不吉利，就没给他。

小 Q：也是，打仗还是要有个好兆头的。打赢了，回来再喝呗。

姜 sir：宋和郑正式开打。突然，司机回头和将军说："分羊汤的时候，你说了算，今天，我说了算。"说完，把战车直接开到了郑国的阵营，把宋国的将军给出卖了。将军被抓后，宋军阵营顿时大乱。郑军趁机发动猛攻，宋国惨败。

小 Q：天啊，这司机也太小心眼了。

姜 sir：《左传》中评价这个人说："非人也。"说他不是个人，太自私了。

小 Q：我觉得也是，连累了整个国家，就为了口羊汤。

姜 sir：美味的周朝，有菜、有酒、有肉、有饭。很多食材、调味品、饮料和做饭方法到现在还在使用。而我们也即将进入秦朝，秦始皇统一天下后会做什么呢？我们下节见。

第 6 章

一统天下的秦朝

47 统一之后事真多

姜 sir：各位同学，大家好，我就是那个人见人爱、花见花开、车见车爆胎的姜 sir。

小 Q：大家好，我就是那个负责问问题的小 Q 同学。

姜 sir：秦始皇结束了战国争斗的混乱局面，实现了天下统一，自己一想：我都这么厉害了，一切都从头开始，连称呼都得是个新的名字。

小 Q：我想起来了，三皇的"皇"、五帝的"帝"，加在一起就是皇帝。

姜 sir：这是中国历史上第一个使用"皇帝"称号的君王，所以也叫"始皇帝"。后代就叫二世皇帝、三世皇帝，一直按照数字往下顺延。小 Q，如果让你统一了天下，你会做什么事？

小 Q：我得把各个地方都派上一些官员和士兵，防止他们造反。

姜sir：有人建议继续实行分封制，封秦国自己的人为王，派往各地镇守，你同意吗？

小Q：不同意，周朝就吃亏在分封制，后来诸侯国都不听话了。

姜sir：这就是历史的经验，当时秦始皇身边重要的大臣李斯就反对："不行，这种分封制度，肯定后续还会打仗，必须把权力握在您的手里。"秦始皇一听："这正是我心里的想法。"于是把天下划分为36郡，郡以下设县，同时这两个地方的官员也由秦始皇亲自任命。

小Q：听起来不错，最起码不用担心各地诸侯势力太大而造反了。

姜sir：但新的问题就出现了，秦始皇的命令下达到郡县，很多下面的官员竟然看不懂。

小Q：为什么啊，难道不识字吗？

姜sir：官员只认识自己原来国家的字，现在天下统一了，秦国的字从没见过。

小Q：那怎么办？让大家赶紧去互相学习各国的文字也来不及啊。

姜sir：当时各地送上来不同文字的报告，秦始皇看得头都要炸了，很多报告根本看不懂，每天处理公务都是非常困

287

难的事情,身边还要随时备好几个"翻译"。这已经影响到秦朝很多命令的推行了。因为各级机构无法准确地收到上级发来的信息,也就无法准确地将信息传达给下一级,同时也不利于各个地方的交流。

文字不统一,思想上就更难统一了,民族情感以及民族融合就无从谈起,家国情怀就会基本丧失,在面对北方游牧民族的入侵时,就会各自为政,很容易被攻破。于是,秦始皇做出了重要决定——统一文字。

小Q:那大家会不会反对?都写了这么多年了,你说改就改啊?

姜sir:你还记得商鞅吗?

小Q:记得啊,商鞅变法。

姜sir:那可是秦始皇的偶像,法家思想里严格的法律政策,你说大家会反对吗?

小Q:我懂了,强制执行,必须统一。

姜sir:这项工作就交给了李斯,李斯以秦国通用的大篆为基础,吸取各地文字的优点,创造出一种新文字,叫"小篆",作为官方规范文字,更写成了《仓颉篇》,作为学习素材,供人临摹学习使用。

小Q:感觉整个国家慢慢地融合在一起了。

姜sir:各国还有好多地方不一样,你会继续把什么地方给统一起来？

小 Q：我会马上统一法律，毕竟用法家治国，法律是最重要的，不能各个地方的法律标准不一样吧。

姜 sir：小 Q 太聪明了。秦始皇非常重视统一法度，从秦始皇开始就规定了，皇帝的命令就相当于法律，皇帝负责制定法律，大臣负责执行，并且秦朝的法律特别详细，特别多，后人称"秦法繁于秋荼"。意思是秦朝的法律比秋天的荼蘼花还要繁多。

小 Q：我本以为当皇帝是多么美好的事，但是感觉有好多事要做。

姜 sir：还没结束呢，秦始皇发现货币不一样，很不方便，然后又发现，怎么各地的马车大小也不一样呢？道路宽窄还不一样呢？这些都得统一吧。

小 Q：天啊，我头都要炸了，当皇帝太不容易了，现在全部略过，一切的一切都统一了，可以舒舒服服地享受几天了吧？

姜 sir：不好意思，你只是解决了内部的事，还有外部的事呢。

小 Q：哎呀，还能不能休息会儿了，当皇帝太累了。

姜 sir：秦始皇灭掉六国之后，他把统一的目光放到了南边百越，就是现在的广东、广西。

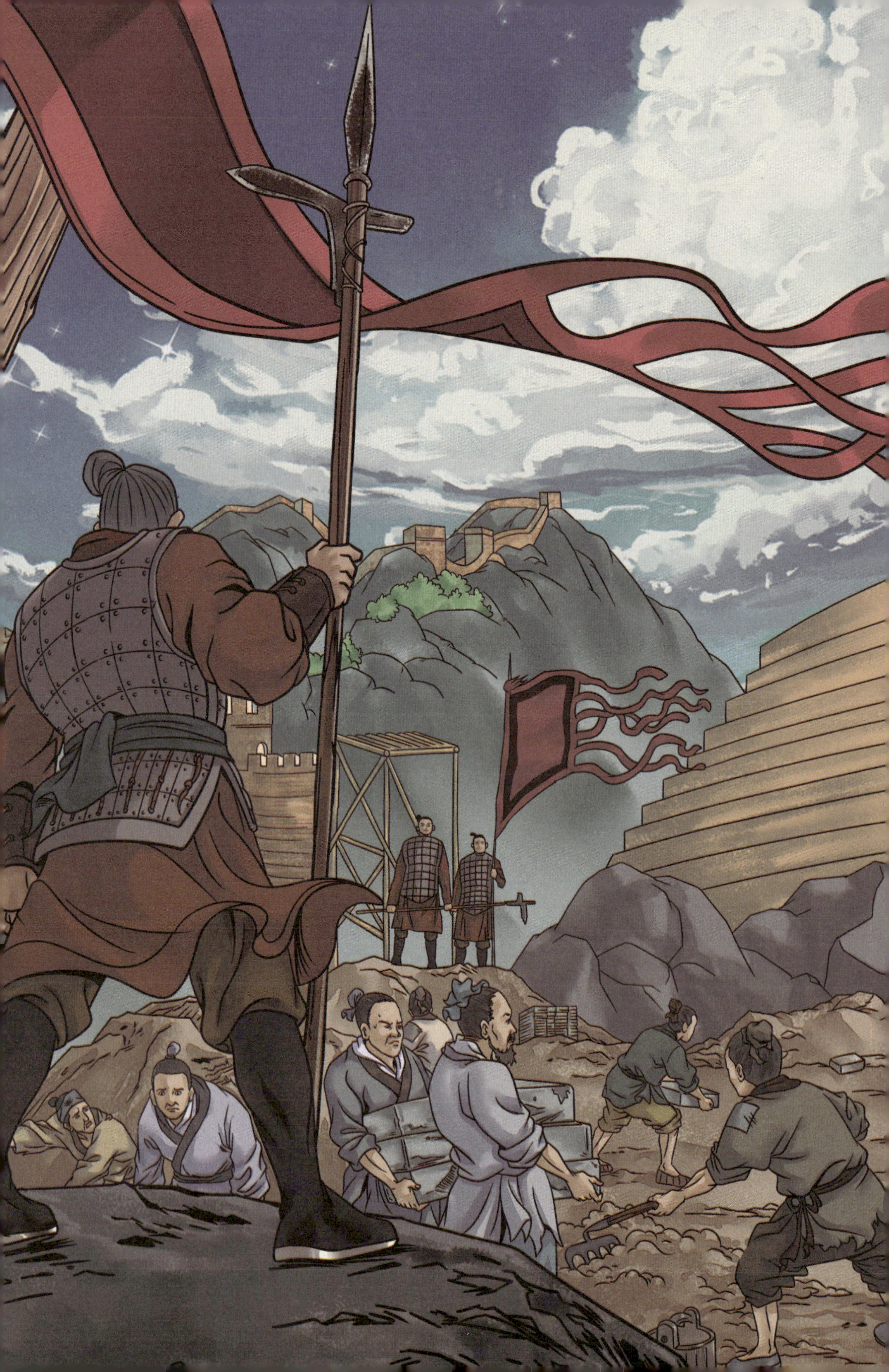

小Q：六国都灭了，打百越应该很轻松吧。

姜sir：那可是非常难打的，南方天气炎热，秦国士兵不适应，生病的很多，加上百越军队在山地丛林中的顽强抵抗，秦朝军队损失了大约30万人。

小Q：天啊，这么难打啊，那最后怎么赢的呢？

姜sir：赢得很惨烈，秦始皇补充了士兵后，继续进攻，而这时的百越也没多少人了，秦始皇这才打下了这片土地，让秦国的士兵留在了当地，补充人口。

小Q：这下秦始皇能安心地休息享受了吧。

姜sir：还有北方的匈奴呢。战国时期，和匈奴邻近的燕、赵、秦三国都受到过匈奴的骚扰。为了保障自己的安全，三个国家都在和匈奴交界的北边修筑了又高又厚的长城。

小Q：原来长城是这么来的啊，我以为是秦始皇时期才有的呢。

姜sir：秦始皇是把各国的长城连起来，同时派30万大军进攻匈奴，保证了北面的安全。

小Q：我发现当皇帝挺累的。太操心了。

姜sir：所以秦始皇能够把这一件件事情处理好，就非常厉害了。可就在这个时候，发生了一件事，后人提起这件事就会说秦始皇不好。是什么事呢？我们下节见。

48 焚书坑儒的真相是什么

各位同学,大家好,我就是那个人见人爱、花见花开、车见车爆胎的姜sir。

大家好,我就是那个负责问问题的小Q同学。

姜sir:上节我们说到面对天下的统一,秦始皇专门设立了很多全新的制度。秦始皇也专心投入热火朝天的新国家建设中,但小Q,你觉得所有人都能接受新制度吗?

小Q:不可能,肯定有些人心里不满意,但不敢说。

姜sir:是的,从表面上看秦始皇用强大的力量让大家顺从,但其实很多人心里是不满的,比如废掉了分封制,那些原本能当上诸侯的人,你觉得他们愿意吗?

小Q:我猜一部分人能理解秦始皇,但肯定有一部分人觉得自己委屈,没得到分封。

姜 sir：秦始皇想建立一个与众不同的新帝国，但很多人不这么想，就有人提意见了，提到了当年的周朝发生什么事，还有各个诸侯国来帮忙，可如果没了分封制，我们国家要是有事，可没人帮啊。

小 Q：秦始皇肯定能听出来啊，他不生气吗？

姜 sir：肯定生气啊，但很多贵族大臣都这么想，怎么办？都杀了？还有就是各国人对于新法律的不适应，比如原来同样一件事，在楚国会被流放，可现在就要砍头，原来楚国的人们不理解，也不太能接受。

小 Q：统一六个国家是真麻烦。

姜 sir：秦始皇用不到十年的时间，攻灭了六国，当上了历史上第一位皇帝，确实风光无限，但是六国旧势力时刻都想着推翻秦朝。

公元前 213 年，有人上书反对当时实行的郡县制，要求根据古制恢复分封制。这背后就是各方势力在和秦始皇的博弈，所以李斯就说了，"什么年代了，还总说原来好，能不能用发展的眼光看看世界"。然后李斯就给秦始皇提了建议："要禁止读书人'用古说今'，要我说，就别让他们知道原来的事，干脆把其他诸侯国的史书都烧掉，只留下医学和种地植树的技术类书籍得了。"

小 Q：天啊，那都是历史文化，不能烧啊。

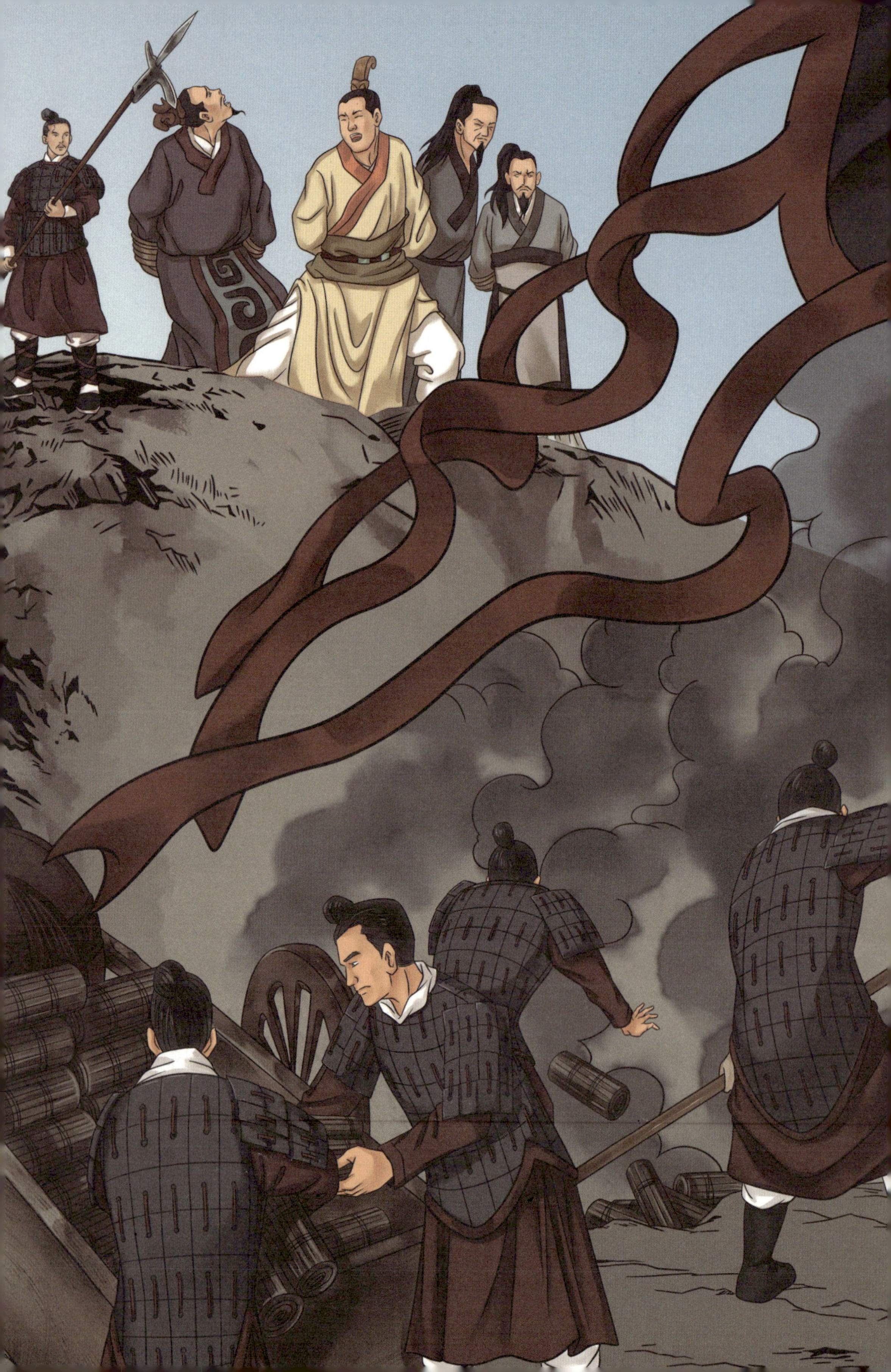

姜 sir：秦始皇觉得要统一思想，一不做，二不休，干脆就烧了那些书，我让你们看不见原来那些历史，你们就只知道我的新制度，以后不知道什么楚国、齐国的，就知道我秦朝。所以秦始皇下令焚烧秦国之外的列国史书，对不依附于分封制而存在的儒家学说《诗》《书》等也限期交出烧毁，并且指出有敢谈论《诗》《书》的处死。

小 Q：怎么感觉有点儿自己骗自己呢？

姜 sir：烧完了书，秦始皇开始想他自己的事情了："我做了这么多大事，我得让你们佩服我，所以我得活着，我必须长长久久地活着，最好能永远活着。"

小 Q：怎么可能，没有人能一直活着。

姜 sir：在秦始皇眼中，没有什么不可能，天下都能统一了，就要长生不老，所以命令大臣们去做仙丹、找仙药。小 Q，你觉得能找到吗？

小 Q：作为一个 21 世纪的少先队员，我可以很明确地告诉秦始皇：你做梦呢。

姜 sir：对啊，可偏偏有一些人就和秦始皇说："我能找到，我知道哪里有仙丹。"

小 Q：这不是骗子吗？

姜 sir：最后眼看骗不成了，有的骗子就准备逃跑，跑的时候还说了秦始皇的坏话。意思是就你这种人，权力都在你手里，不给别人机会，还想长生不老，做梦去吧。

小 Q：太过分了，骗了秦始皇的钱，还骂人家。

姜 sir：秦始皇一怒之下："给我查，仔细地查，都谁说过我坏话。全给我抓出来。"最后一共抓出来460多个人。大部分是骗子，小部分是儒家学派的学子，因为这些人也表达过对秦始皇的不满，所以都被杀了。

小 Q：那这些学子很冤枉啊，他们又不是骗子，不就说了几句不满的话嘛。

姜 sir：这群学子还是按照春秋战国时期的风格，百家争鸣，想表达什么就表达什么，却没想到撞到了秦始皇的枪口上。秦始皇的大儿子扶苏看不过去了，替这些学子求情，说读书人都以孔子为榜样，表达不满也是为了心中的天下。但秦始皇在气头上，哪管这些，把扶苏也赶到北方去了。

小 Q：这两件事合起来就叫焚书坑儒吧。

姜 sir：其实焚书坑儒这件事上，千不该，万不该，不该烧书。书可是我们一辈子的朋友啊。

小 Q：是的，从小妈妈就告诉我要爱护书籍。

姜 sir：秦始皇在历史上是一个有争议的人，喜欢的人对他特别称赞，管他叫千古第一帝，不喜欢的人就说他太残暴。例如《史记》中把秦始皇描绘成豺狼般的人物，甚至连声音都似豺狼，"少恩而虎狼心"更是对秦始皇的绝佳描述。你听说过鲁迅吗？

小Q：好像有点儿印象，感觉挺厉害的。

姜sir：我国文学家、思想家、革命家，我国现代文学的奠基人。原名周樟寿，后改名周树人，被称为中华民族的"民族魂"。鲁迅对秦始皇的评价引起过很多人的讨论，鲁迅曾在《华德焚书异同论》中说："秦始皇实在冤枉得很，他的吃亏是在二世而亡，一班帮闲们都替新主子去讲他的坏话了。"

小Q：这是不是说秦朝太短了，后人就不停地说它坏话。

姜sir：鲁迅就是这个意思，他还说秦始皇烧书是为了统一思想。但他没有烧掉农书和医书，他收罗许多别国的"客卿"，并不专重"秦的思想"，倒是博采各种思想。

小Q：感觉鲁迅是替秦始皇说话的啊。

姜sir：历史就是这样，是非功过只能交给后人去评说。接下来我们就要进入秦朝灭亡阶段了，没想到这么快吧？到底发生了什么？我们下节见。

49 《阿房宫赋》里的秦朝灭亡

各位同学,大家好,我就是那个人见人爱、花见花开、车见车爆胎的姜 sir。

大家好,我就是那个负责问问题的小 Q 同学。

小 Q:姜 sir,今天我先说,上节最后你说这节就讲秦朝结束了?我怎么感觉秦朝才刚开始呢,怎么就结束了?

姜 sir:秦朝是一个只有 14 年的短命朝代。

小 Q:啥?才 14 年?秦始皇呢?李斯呢?发生了什么啊?还没有一个人的寿命长呢。

姜 sir:小 Q,你冷静一下,听我慢慢说。说到秦朝的灭亡,我们得从唐朝说起。唐朝有个著名的文人叫杜牧,写过一篇著名的文章叫《阿房宫赋》,里面就总结了一些秦朝的灭亡原因。

小 Q:为啥杜牧要总结秦朝的啊?

姜 sir：他是写给唐朝的皇帝看的："你看看，秦朝怎么灭亡的，你不注意点吗？"

小 Q：赶紧说说这里都写啥了，我就想知道秦朝发生了什么。

姜 sir：这篇文章说，"六王毕，四海一；蜀山兀，阿房出"。意思是六国统治结束了，天下统一了；蜀地山上的树被砍尽光秃秃的，阿房宫建造出来了。

小 Q：我听过故宫、布达拉宫，没听过阿房宫啊？

姜 sir：阿房宫可是被称为天下第一宫的，秦始皇从自己的称号到各种制度都要全新的，当然要建造一座最大、最漂亮的宫殿了。

小 Q：我还真有点儿好奇，秦始皇住的地方有多壮观。

姜 sir：阿房宫覆盖三百余里，遮天蔽日。五步一楼，十步一阁。走廊如绸带回绕，飞檐像鸟嘴高啄。一日之内，一宫之间，而气候不同。

小 Q：天啊，感觉在里面会迷路的。

姜 sir：杜牧的《阿房宫赋》毕竟是文学作品，里面可能有夸大的成分。根据一些历史书籍的记录，阿房宫的一个宫殿宽 690 米，长 115 米，里面可以坐 1 万人，相传阿房宫大小殿堂 700 多座，秦始皇一天住一处，到死也没有把所有的房间住一遍。

小Q：这得多少钱，多少人才能建成啊？

姜sir：

> 燕赵之收藏，韩魏之经营，齐楚之精英，几世几年，剽掠其人，倚叠如山。一旦不能有，输来其间。鼎铛玉石，金块珠砾，弃掷逦迤，秦人视之，亦不甚惜。

燕国、赵国的金银，韩国、魏国的珠玉，齐国、楚国的珍宝，都运送到阿房宫里来。宝鼎被当作铁锅，美玉被当作石头，黄金被当作土块，珍珠被当作沙子，随便丢弃，遍地都是，秦人见了，也不怎样爱惜。

小Q：这么浪费啊，随便捡一些就发财了。

姜sir：可你有没有想过，老百姓过得好吗？这些宝贝在这里多到随便丢弃，可这些珠宝哪儿来的呢？

小Q：是啊，肯定是从老百姓那儿一点一点抢来的啊。

姜sir：天下谁不想过好日子，你这里这么好，如神仙一样的生活，而我们却连饭都吃不上。百姓心里能愿意吗？这就是"历览前贤国与家，成由勤俭破由奢"。意思是遍观历代前贤治国治家的经验教训，成功多由勤俭，败亡皆因奢侈。这个时候有人大呼而起："王侯将相，宁有种乎！"意思就是你们这些贵族，凭什么天生就是好命，就要享受这些。我要反抗！

小Q： 历史的经验告诉我，肯定会有很多人跟着反抗的。

姜sir： 这就是著名的陈胜、吴广起义。当时秦始皇已经去世了，秦二世下令从各地征调了几十万人给秦始皇修陵墓，陈胜、吴广就在其中。可当他们走到大泽乡时，遇上大雨，道路不通，延误了20多天。秦朝的法律规定，必须在限定的时间内到达，如果超过期限没有到达的，一律杀头。

小Q： 啊？这可怎么办啊，秦朝的法律那么严格。

姜sir： 陈胜就跟吴广商量："就算雨停了，咱也赶不过去了，死定了。"吴广说："那怎么行，咱们逃吧。"陈胜说："逃跑被抓回来是死，造反也是死，一样是死，不如起来造反，就是死了也比白白送死强。老百姓吃苦也吃够了。我们造反吧！"

小Q： 但大家会听他俩的吗？

姜sir： 这两个人很聪明，偷偷地把一块布放进了鱼肚子里，写着"陈胜王"。等到这些人吃鱼的时候，一看，哎呀，这是上天的暗示啊，陈胜要称王啊。大家就开始尊敬他，陈胜就找个合适的机会，大喊："你们已经延误了戍期，按照秦法当被斩首。即使不被斩首，但因长久在外戍边而死去的人也要占到十之六七。那么壮士不死则已，要死就要图大事！王侯将相难道是天生的吗？"

301

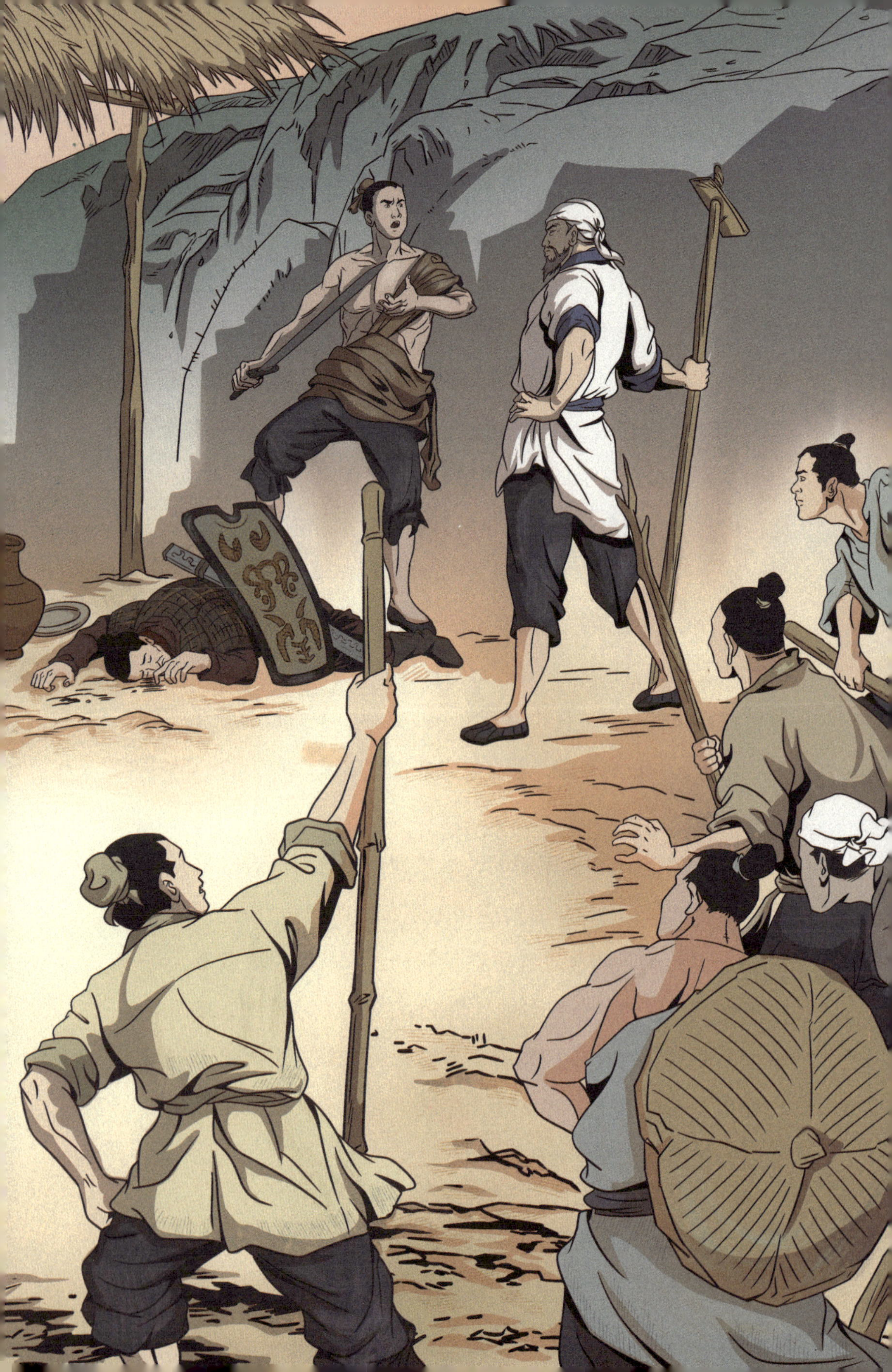

小 Q：听着就有点儿振奋人心，这就开始造反了？

姜 sir：起义后，人们本来心里就不满，越来越多的人加入他们。没有武器，他们就砍了许多木棒做刀枪，削了竹子做旗杆，这就是成语揭竿而起，比喻武装起义。

小 Q：那他们成功了吗？

姜 sir：最后还是失败了，但是原本被秦始皇统一的六国开始叛变了，各个地方都打着旗号，我们要恢复齐国，我们也要恢复楚国。

小 Q：我感觉秦国好不容易统一的天下要重新分开了。

姜 sir：秦国灭亡了，杜牧是这么总结的，"呜呼！灭六国者，六国也，非秦也"。意思是消灭六国的是六国自己，而不是秦国。

小 Q：不对啊，就是秦国消灭的六国啊。

姜 sir：杜牧继续说，"族秦者秦也，非天下也"。消灭秦国的是秦朝自己啊，不是天下的人。

小 Q：也不对啊，就是天下人推翻的秦国呀。杜牧记错了吧。

姜 sir：我们听听杜牧的解释：

> 嗟乎！使六国各爱其人，则足以拒秦；使秦复爱六国之人，则递三世可至万世而为君，谁得而族灭也？

意思是要是六国都能爱护自己的人民，就完全能够抵挡住秦国了；要是秦国能够爱护六国的人民，那么皇位就可以传到三世还可以传到万世做皇帝，谁能够族灭它呢？

小Q：有道理，其实很多事情都是自己的问题。如果自己做好了，大家哪会起义造反呢？

姜sir：杜牧在《阿房宫赋》的最后总结道，"秦人不暇自哀，而后人哀之；后人哀之而不鉴之，亦使后人而复哀后人也"。意思是秦人来不及哀悼自己，而后人替他们哀伤；如果后人哀悼他却不把他作为鉴戒吸取教训，也只会使更后的人又来哀悼这后人啊。

小Q：这就是历史带给我们的经验教训啊。

姜sir：秦就这样灭亡了，感觉特别快。那秦灭亡的原因还有没有其他的呢？我们下节见。

50 历史没有如果

各位同学，大家好，我就是那个人见人爱、花见花开、车见车爆胎的姜 sir。

大家好，我就是那个负责问问题的小 Q 同学。

姜 sir：上节我们讲到了秦朝统一没多久便结束了，这里面一定离不开朝代灭亡的"标准套餐"。

小 Q：这份"套餐"我知道——昏君加奸臣。

姜 sir：昏君就是胡亥，他是秦始皇的第 18 个儿子。

小 Q：不是应该给大儿子吗？

姜 sir：秦始皇临死的时候，到底把皇位传给了谁，有的版本说是给了大儿子扶苏，但扶苏不在身边，胡亥和李斯、赵高三个人商量了一下，把继承人改成了胡亥。这个也是一直以来很多学者认同的观点。但也有的版本说秦始皇就是想传给胡亥。

小Q：到底哪个版本是对的？

姜sir：历史上皇位的继承经常这样，就像一个个未解之谜。但结果摆在那儿，胡亥当上了皇帝。

小Q：感觉又是个昏君，要不秦朝也不能灭。

姜sir：胡亥是个历史评分非常低的皇帝，几乎没走出过皇宫，自己认为大秦帝国，天下太平，千秋万代，自己只负责吃喝玩乐就可以了。

小Q：他不看新闻吗？不知道天下发生了什么吗？

姜sir：他的新闻是从大臣那儿得来的，他最相信的人就是赵高，赵高可是朝代灭亡"标准套餐"里的奸臣啊。成语指鹿为马就是赵高导演的作品。

小Q：啥？指着鹿说是马？这不是智商有问题嘛。

姜sir：赵高当时害怕群臣中有人反对他，就想了一个主意。有一天，他牵着一只鹿对胡亥说："这是我献给您的马，这可是好马。"胡亥一看，大笑说："这明明是一只鹿，你却说是马，开玩笑呢。"赵高说："这就是一匹马，您怎么说是鹿呢？"这时候只能让大臣们说了。小Q，你会说是鹿还是马？

小Q：当然实话实说了，就是鹿。

姜sir：但大家都害怕赵高，知道不说不行，很多人都说是马，而像你一样说实话的反而被除掉了。

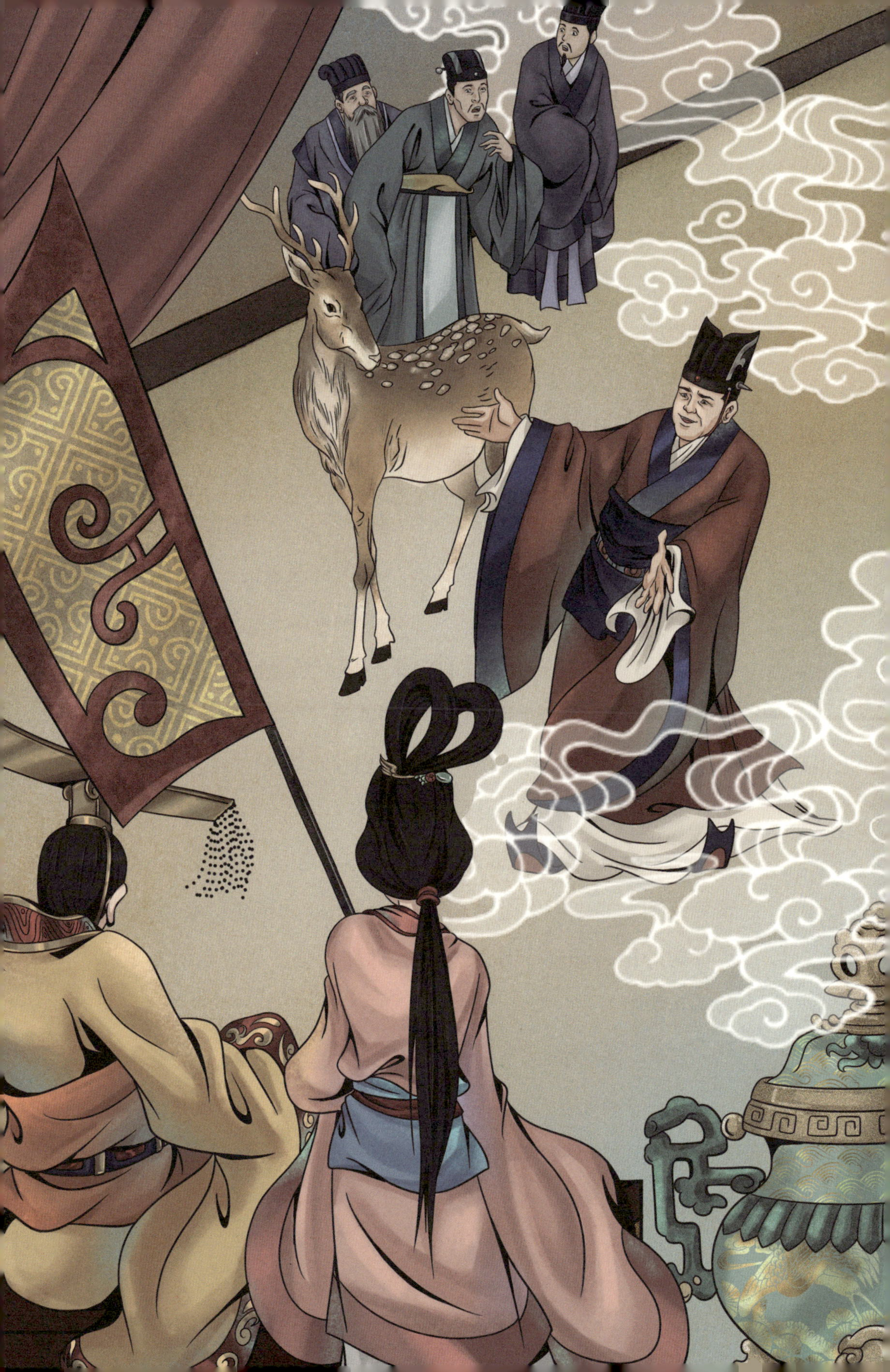

小 Q：太可气了，说实话的还得被杀，怪不得秦朝被推翻了。

姜 sir：小 Q，你有没有想过，昏君、奸臣，老百姓过得不好，这些问题几乎每个朝代都有，但为什么秦朝灭亡得这么快呢？

小 Q：我刚才被那个指鹿为马的赵高气晕了，秦朝的确是结束得太快了。难道还有别的原因吗？

姜 sir：为什么陈胜、吴广一起义，各地就四处起义啊。都是被欺负的？都是不满意的？有一个原因不要忘了，这些地方都是秦朝打下来的，原来都是有各自国家的，齐国、楚国、赵国，等等。这些地方的很多人是不认同你秦朝的，但没办法，谁让他们打不过呢，他们就在等机会。秦始皇活着，他们不敢，但秦朝偏偏出了个胡亥、赵高，这就给了人家机会。

小 Q：就好像人家就等着我犯错误，我偏偏就犯了错误，如果早知道，就不犯错误了。

姜 sir：这就是我想说的，历史没有如果，我们下面就来感受一下：如果历史能重来。秦始皇当时知道自己身体不好，还带病外出，死在了外面，给了胡亥机会。如果秦始皇留在家里养病呢？

小 Q：那胡亥就不会当上皇帝，秦朝可能就不会这么快灭亡了。

姜 sir：可秦始皇偏偏就外出了，那么多儿子，就带了胡亥，如果他带了其他的儿子呢？

小Q：那胡亥就不会当上皇帝，秦朝可能就不会这么快灭亡了。

姜sir：秦始皇偏偏就带了胡亥，并且途中让超级忠诚、超级厉害的大将军蒙毅离开自己，还把兵权给了赵高。如果蒙毅没走呢？

小Q：那胡亥就不会当上皇帝，秦朝可能就不会这么快灭亡了。

姜sir：可蒙毅偏偏走了，秦始皇身边还有三好学生李斯，可没想到李斯竟然和赵高一伙了。如果李斯没变坏呢？

小Q：那胡亥就不会当上皇帝，秦朝可能就不会这么快灭亡了。

姜sir：可李斯就是变坏了，他和胡亥一起编造了一份假的命令，说秦始皇要杀了扶苏，扶苏竟然信了，自杀了。如果扶苏不信呢？

小Q：那胡亥就不会那么容易当上皇帝，秦朝可能就不会这么快灭亡了。

姜sir：可胡亥就是当上了皇帝，然后几个大将军先后去世，秦朝的军队失去了一定的战斗力。如果那几个将军还活着呢？

小Q：那秦军也不会那么容易打败，秦朝可能也就不会那么快灭亡了。

姜 sir：如果陈胜、吴广起义前，没有下雨呢？

小 Q：天啊，姜 sir，我知道你想说什么了。感觉每一件事都能影响秦朝的灭亡，但就是发生了，我们也阻止不了，真的是历史没有如果。

姜 sir：历史就是这样，不可改变，但我们读历史、学历史，会生气、会感慨、会遗憾、会假设、会如果，这就是历史的趣味所在。同时秦朝因为统一的时间较短，老百姓都是从战国时期过来的，延续的还是战国时期的法则：你厉害，我服你；你不行，我推翻你。

秦始皇不管有什么缺点，但统一了天下，大刀阔斧的改革，老百姓服。秦二世低能昏庸，不能忍！在战国那个时代，老百姓习惯了战争，所以对于天下大乱也并不陌生。秦朝就这样结束了，两个重要的历史人物即将登场，是谁呢？我们下节见。